고대 페르시아의 역사

아케메니드 페르시아 · 파르티아 왕조 · 사산조 페르시아

차례
Contents

03 페르시아를 찾아서 05 아리안족 이동 이전의 페르시아 15 아리안족의 이동과 새로운 왕국의 성립 24 첫 번째 페르시아 제국, 아케메니드 페르시아 49 분권과 공존의 시대, 파르티아 왕조 62 고대 페르시아의 마지막 제국, 사산조 페르시아

페르시아를 찾아서

 페르시아 하면 화려하고 신비스러운 중동의 매력적 문화가 떠오르지만 이란하면 왠지 호메이니와 이슬람 혁명, 근본주의 이슬람, 핵무기 등 부정적인 이미지가 먼저 떠오른다.

 놀랍게도 이 상반된 이미지를 가진 페르시아와 이란은 같은 나라이다. 1935년 팔레비 왕정에 의해 이란으로 국호가 개명되기 전까지 이란은 페르시아로 불렸다. 아리안족의 후예라는 의미를 지닌 이란은 수천 년간 불리어 온 페르시아라는 이름에서 새로운 나라, 새로운 시대로 나아가려는 팔레비왕의 의지가 담긴 이름이다.

 페르시아는 이란의 파르시 지역을 중심으로 국가를 형성하여 중앙아시아에서 멀리 북아프리카를 포함한 고대 중근동 지역을 통치한 강대국이었다. 이곳에서 수많은 고대 종교들이 태동하였고 많은 문화들이 혼합되고 재창조되어 새로운 고대 문명이 만들어졌다. 그러나 고대 세계의 최강국으로 아시아와 유럽에까지 맹위를 떨쳤던 페르시아의 전설은 사라졌다. 지금의 이란은 이슬람 혁명 이후 이라크와의 전쟁, 끊임없는 외부 세계와의 갈등으로 경기 침체를 겪고 있다. 그러나 고대 페르시아와 같은 강력한 영향력은 갖지 못했지만 이란은 현재 풍부한 지하자원을 바탕으로 꾸준한 경제 성장을 하고 있으며 페르시아의 문화와 자부심을 가슴에 담고 새로운 시대를 다시금 꿈꾸고 있다.

아리안족 이동 이전의 페르시아

세계 지도를 보면 적도 위쪽의 지역에 대부분의 대륙이 몰려 있다. 그중 인구가 가장 많은 중국과 인도가 위치한 곳이 아시아이다. 실제 가장 많은 인구가 살고 있는 곳이기도 하다.

이 아시아에 위치해 있는 이란은 동쪽으로는 파키스탄의 편잡 지역과 아프가니스탄, 북쪽으로는 투르크메니스탄과 카스피 해, 아제르바이잔, 아르메니아, 서쪽으로는 터키, 이라크와 접하고 남쪽으로는 페르시아 만을 끼고 있다.

역사적으로 이란인들의 주 활동 무대였던 이란 고원도 중앙아시아의 트랜스옥시아나(현재 아랄 해 인근 지역)의 평원과 파키스탄의 편잡 지역 그리고 이라크의 메소포타미아 지역으로 둘러싸여 있으며 북쪽은 카스피 해와 유럽으로 이어지는 초원과 평원으로 이어져 있다.

이란 고원은 실크로드의 주요 길목으로 오랜 옛날부터 사막 유목민들의 약탈 대상지역이 되었으며 동과 서를 잇는 지정학적 중요성 때문에 이곳의 패권을 차지하기 위한 전쟁이 끊이지 않았다. 이 장에서는 현재 이란인의 다수를 이루고 있는 아리안족이 이동해 오기 전에 이란 고원에 어떤 민족과 문명이 있었는지 알아보도록 하자.

가장 오래된 이란 사람들

최근 100~200년 동안 고고학자들은 이란 고원에서 많은 역사적 유물들을 발견했다. 이들은 그동안 발견된 토기와 도구들을 토대로 이미 수십만 년 전부터 이곳에 다양한 민족들이 함께 살았을 것이라고 추정하고 있다. 초기 이란인들은 돌과 나무 같은 기초적인 도구들을 사용했으며 점차 유목생활에서 정착생활로 변해 갔을 것으로 추정되고 있다. 농경을 기본으로 하는 정착생활은 주변 민족들과 물품을 교환하는 무역이라는 새로운 경제관을 가져왔고, 비슷한 종교가 하나로 합쳐지는 종교 통합을 가져왔다.

이란 내의 다양한 지역에서 고대 이란인들이 만든 것으로 추정되는 점토 그릇들이 발견되면서 이란 고원 전역에 고루 사람이 살았을 것으로 확신하게 되었다. 여성이 만들었을 것으로 추정되는 점토 그릇들은 기술과 문양이 정교하다. 점차 점토를 손으로 빚지 않고 힘을 이용하는 기구들을 통해 만들면서 남자들이 이 일을 담당했으며 전문적으로 토기를 만드는 사람도 생겨났을 것이다.

엘람 왕국

이란 남부 후제스탄 지역은 이란 고원에 문명이 들어서기 전인 기원전 4000년경에 먼저 인류 문명이 정착하여 생활하였다. 이 문명은 메소포타미아 문명과 흡사하였으며 아리안족이 이동해 오기 이전에 엘람(The Elamites, 약 BC 3000~ BC 639)이라는 고대 왕국을 건설하였다.

그러나 메소포타미아 문명에 비해 엘람 왕국에 대한 고고학적 발굴 작업이 많이 이루어지지 않았고 발견된 유물 또한 적어 메소포타미아 문명에 비해서 상대적으로 덜 알려졌다.

현재 엘람에 관한 역사적 내용은 성서와 메소포타미아 지역에서 발견된 석비와 점토비 등에 의존하고 있다. 엘람 왕국에 대해 처음 언급된 문서도 수메르 왕국의 것이다.

이들의 기원은 정확하게 밝혀지지 않았지만 건국 설화에 따르면 이들은 메소포타미아 산악지대에서 내려온 것으로 전해지고 있다. 이들은 종교적인 부분에서 뱀을 숭배하는 것을 제외하고 메소포타미아와 매우 흡사하였으며 현재 세계문화유산에 등재되어 있는 이란 슈쉬 인근의 초가잔빌(Chogazanbil)에 있는 지구라트(고대 바빌로니아 유적에서 발견된 네모반듯한 계단이 있는 피라미드 모양을 한 구조물로 신과 지상을 연결하기 위한 것으로 추정된다) 모양의 신전도 메소포타미아의 그것과 닮아 있다.

그러나 메소포타미아 문명과 모든 것이 비슷한 것은 아니다. 메소포타미아 지역이 농업을 주로 하였던 반면 엘람 왕국은 광물질과 지하자원을 수출하는 무역을 경제의 근간으로 삼았다.

엘람 왕국은 지금의 후제스탄 지역을 중심으로 북쪽과 동쪽으로 더 확장되었으며 정치적으로는 연방제 성격을 띠었다. 연방 수도인 수사(현재 슈쉬, 구약성경의 수산궁이 있던 곳)를 중심으로 각 제후국을 다스리는 시스템을 가졌다. 점차로 후제스탄 주, 파르스 주, 부셰르 주, 그리고 케르만 주의 일부분, 쿠르디스탄과 로레스탄 지역까지 영토를 확장하였다.

엘람의 역사는 크게 세 부분으로 나뉜다.

제1기는 고대 엘람으로(BC 3000~BC 1500) 메소포타미아 지역의 왕국들보다 상대적으로 힘이 약한 시기이다. 고대 엘람의 첫 왕조는 기원전 2700년경에 나타났고 그 왕조를 이은 것이 바로 아완(Awan) 혹은 슈스타르(Shustar)라고 하는 왕조이다. 곧 시마쉬(Simash) 왕조가 뒤를 이어 100여 년을 통치한다. 기원전 1900년경에는 불운하게도 바빌로니아의 함무라비 왕과 동시대에 에파르티(Eparti)조가 등장한다. 이들은 바빌로니아와 매번 전쟁을 치렀지만 고대 시대 가장 강력한 왕 중 하나였던 함무라비에게 늘 패하고 만다. 그러나 함무라비가 죽고 난 후에 엘람은 바빌로니아의 속박에서 벗어나 독립을 누리게 된다. 기원전 16세기에 에파르티 왕조는 소리 소문 없이 사라지고 약 200년간 기록이 남지 않은 암흑의 시대가 지속된다.

제2기는 중세 엘람으로(BC 1350~BC 1100) 엘람제국의 황금기로 알려져 있으며 강력한 군사력을 바탕으로 주변국들을 제압하던 시기이다. 이 시기는 안자니트(Anzanite)왕조의 등장과 함께 시작된다. 이 왕조에서는 다섯 번째 왕인 운타쉬-갈(Untash-Gal)이 가장 유명한데 그가 바로 지금도 남아 있는 세계문화유산 초가잔빌을 세운 왕이다. 엘람은 당시 최강국이었던 아시리아와 전쟁에서 패하고 잠시의 어려움을 겪지만 곧 엘람 역사상 가장 강력한 군대를 구축한 왕으로 평가 받는 슈트룩-나흐훈테(Shtruk-Nahhunte)가 집권하면서 다시 발전해 간다. 이 시기에 바빌로니아를 점령하고 함무라비 법전이 적혀진 석비를 빼앗아 온다(이란이 빼앗아 온 함무라비 법전은 프랑스에 다시 빼앗겨 현재는 루브르 박물관에 있고 테헤란의 국립박물관에는 복사본이 있다. 역사에 영원한 승자는 없다는 사실을 새삼 깨닫는다). 슈트룩-나흐훈테의 후계자들도 강력한 군대를 계속 유지하면서 잠시 동안이지만 티그리스 강에서부터 파르스 지역에 이르는 영토를 지배한다. 그러나 바빌로니아의 네브카드레자 1세(Nebuchadrezzar I)의 공격을 받고 세력이 급격히 무너지면서 중세 엘람 시대도 종지부를 찍는다.

제3기는 신新엘람으로(BC 900~BC 639) 아시리아와 정치·군사적으로 경쟁하던 시기이다. 이 시기로 돌입하면서 그동안 강력했던 중앙 정부의 권력이 약화되고 지방의 분권세력들이 커졌다. 또한 아시리아와 바빌로니아의 도전이 거세졌다. 그 뿐만 아니라 쿠르데스탄과 파르스 지역으로 들어온 아리안족들도 엘람의 국경을 위협했다. 결국 기원전 639년에 있었던 아슈르바니팔(Ashurbanipal) 아시리아 왕의 공격으로 멸망하게 된다.

엘람 왕국의 수도는 수사로 데즈 강이 흐르며 이로 인해 토지가 비옥하고 밀과 과일이 풍부하였다. 아시리아에 의해 폐허가 된 수도 수사를 아케메니드 페르시아의 다리우스 1세가 다시 수도로 재건하였다.

엘람 사람들은 자신들의 땅을 할타미(신의 땅)라고 불렀다. 앞에서 언급한 것처럼 엘람 문명은 중앙집권적 통일제국보다는 부족별로 독립적으로 살았으나 왕국에 주변국이 침입을 하는 위급한 상황에 놓이면 서로 연합하여 적을 물리쳤다. 엘람 왕은 제국의 분열을 막기 위해 혼인관계로 결속력을 강화하여 충성을 얻어냈으며 이 정책은 엘람 왕국이 몰락할 때까지 계속되었다.

메소포타미아 지역 사람들은 엘람 왕국의 돌과 나무, 철 등의 자원들이 필요했으므로 평화 시에는 무역을 통해 필요한 물품을 구입했다. 그러나 전쟁을 통한 약탈도 끊임없이 발생하여 늘 긴장관계를 유지하였다.

엘람의 문화

종교

엘람 왕국도 당시 주변의 다른 나라들처럼 해의 신, 달의

엘람 왕국의 유적인 초가잔빌의 모습

신, 강의 신 등 자연숭배사상을 가지고 있었다. 당시 수도인 수사(슈쉬)에서는 지역의 신으로 '인슈쉬나크'라는 신을 믿었으며 제사를 지낼 때마다 제물을 바쳤다. 제사 때에는 음악가들이 음악을 연주했으며 모든 참가자들이 맨발로 제사에 임했다. 제사에 참가하는 종교 지도자들을 '샤틴'이라고 불렀으며 신의 동상을 마주보는 맨 앞줄은 서서 제사를 지냈다. 이 제사를 지내는 신전들은 지구라트 모양으로 층층이 만들어졌다. 현재 후제스탄 주 슈쉬 인근에 '초가잔빌'이라고 불리는 제사를 지내던 신전이 남아 있다. 유네스코 세계문화유산으로 등록되어 보존되고 있는 이곳의 입구에는 사자상과 수소상이 신전의 수호자로 세워져 있다. 이들은 자신들의 소원을 위해서 신들에게 각종 선물을 바쳤다. 당시 사회·문화적 의식 속에 신상이 옮겨지는 것이나 빼앗기는 것은 왕국의 퇴락과 소멸을 의미했으므로 신상을 목숨처럼 지켰다.

엘람 사람들은 독특한 장례의식을 가지고 있었는데 죽은 시체와 함께 물동이를 묻었다. 이들은 사후에도 현재와 같은 삶을 살 것이라는 내세관을 가지고 있어서 생명의 근원인 물을 지속적으로 공급해 줘야 한다고 생각했다. 그래서 이들은 죽은 이들도 목마르지 않도록 묘지에 묻혀 있는 각 물동이들에게 물이 공급되는 터널도 만들었다.

문자

엘람은 수메르로부터 문자를 받아들여 사용했다. 그 이전에 존재하던 엘람문자는 곧 소멸되었으며 최근에 발견된 몇몇은 아직 해독하지 못하고 있다. 엘람문자는 오른쪽에서부터 쓰기 시작하여 수직방향으로 쓰며 다 쓰고 나면 왼편 옆줄로 옮기는 방식으로 글을 쓰는데, 이는 과거 우리가 한자로 문서를 쓰던 방식과 같다.

예술과 건축

엘람인들은 도자기와 철기, 동상 제조, 도장 파기, 그림과 건축 등에 뛰어난 소질을 보였다. 그중 가장 예술성이 뛰어난 것이 철제 그릇에 동물의 머리와 몸을 장식해 넣은 그릇들로 당대에 모든 사람들이 가장 갖고 싶어 했던 물품이었다. 진흙으로 만든 토기도 푸른색 혹은 녹색으로 채색하여 사용하였으며 채색토기를 처음 사용한 사람들이 엘람 사람들로 추정되고 있다.

Tip. 고대 도시 부쉐르

이란 남부 지역의 도시로 한국의 많은 건설사가 진출해 있는 부쉐르(Busher)가 엘람 시대 문화의 중심지였다는 주장이 고고학자들 사이에서 나오고 있다. 엘람의 수도인 수사와는 멀리 떨어져 있지만 당시 부쉐르는 '리연'이라 불리던 중개 무역 도시로 인도양과 동남아시아로 통하는 무역과 문화의 중심지 중 하나였다는 주장이다. 이들의 주장을 뒷받침 하듯이 엘람의 황금기였던 중세 엘람 시대로 추정되는 종교적 건물들이 부쉐르에서 속속 발견되고 있다.

Tip. 엘람 왕국의 여성의 지위

엘람 왕국의 여성들은 메소포타미아 지역의 여성보다 상대적으로 많은 혜택을 누리고 살았다. 비록 유산의 첫 상속자는 남성이었지만 여신을 숭배했던 엘람의 문화에서 여성의 지위는 다른 지역에 비해 상대적으로 높았다. 이들은 여신이 모든 신의 어머니의 역할을 할 뿐만 아니라 왕국에도 다산과 풍요를 준다고 믿었다. 엘람 사람들은 이 여신에게 많은 동물을 희생 제물로 바쳤다. 최근 들어서는 엘람 시대의 것으로 추정되는 여신과 관련된 많은 역사 유물들이 발견되고 있다. 이 많은 여신상들을 통해 당시 어느 정도로 여신을 숭배했는지 추측할 수 있다.

바빌로니아의 여성들은 혼인 시 남편에게 많은 혼수를 가져갔고 아시리아의 여성들도 가족 구성원으로서 많은 권리를 갖지 못했지만 엘람의 여성들은 달랐다. 최근 발견된 당시의 사회상이 새겨져 있는 점토판에 의하면 남편이 죽게 되면 남편의 소유물 중에서 부인이 원하는 만큼 부인에게 상속된다. 실제로 거의 대부분이 부인에게 상속되는 것이다. 상속 후에는 부인이 선택한 자식 중에 한 명만이 어머니의 집에 들어가서 어머니를 모실 수 있었으며 재산 상속 시 자신을 모신 자식에게 가장 많은 부분을 물려주고 나머지 자식들에게 나누어 준다. 이 상속 문화로도 당시 여성들의 파워를 짐작할 수 있다.

아리안족의 이동과 새로운 왕국의 성립

아리안족의 초기 역사에 대해서는 아직도 많은 추측과 억측이 있고 격렬한 학문적 토론이 진행되고 있다. 그러나 인류학적, 언어적, 문화적 증거를 바탕으로 한 가장 유력한 가설을 정리해 보면 다음과 같다.

기원전 4000년에서 3000년 사이에 인도·유럽족인 아리안족은 중앙아시아의 스텝 지역의 갑작스런 기온 변화로 인한 추위와 주변의 적들 그리고 늘어난 인구로 인해 남쪽과 서쪽으로 이동을 시작하였다. 서쪽으로 이동한 사람들은 유럽 아리안족의 조상이 되었고 남쪽으로 이동한 사람들은 이란과 인도 아리안족의 선조가 되었다.

이란인의 선조들은 코카서스 산맥과 카스피 해를 통해 들어와 초기에는 지역 영주들의 용병으로 고용되었다. 시간이 지나면서 점차로 현지인들과 동화되었고 결국 다수 종족으로 성장하였다.

아리안 사회의 형성

많은 학자들은 아리안족이 유목생활을 하기에 어려운 이란의 자연환경에 적응하고 이 상황을 극복하기 위해 끊임없이 노력하며 사회를 만들어 갔다고 설명한다. 이들은 이란으로 이동하여 들어온 이후에 이곳에 살던 원주민들을 정복하고 이들이 가지고 있던 농사와 생활 관련 지식을 배웠다. 이란은 농사를 지을 정도로 물이 풍부한 나라가 아니었다. 그래서 이들은 원주민들로부터 땅속에서 물을 끌어 쓰고 수로를 만드는 관개 기술을 배웠고 스스로 가나트(Qanat)라는 지하 수로를 발명한다. 지금도 이란의 사막 지역에 가면 이 관개 기술을 사용하고 있다.

또 이들은 말안장을 사용하여 더 빠르고 편하게 말을 탈 수 있는 방법을 고안해 냈고 뛰어난 승마 기술로 강력한 군대를 만들어 냈다. 아리안족 사회에서 가족은 사회를 구성하는 기본 단위이자 사회의 표본이었다. 아버지는 가정에서 가장 중요한 책임을 지닌 사람으로 종교적, 군사적, 행정적 대표자가 된다. 이 가족이 확대되어 부족을 이루고 부족이 확대되어 부족 연합체가 된다.

'케비'라고 하는 부족장은 가족과 가족이 모인 형태의 부족의 총 책임자로 부와 권력을 가졌다. 이들은 다스릴 뿐만 아니라 부족의 종교 행위도 집전하는 제사장의 역할도 감당했다. 이들은 이란 고원의 동쪽에 '키여니연'이라는 왕국을 건설하고 주변 사막의 유목민들과 많은 전쟁을 치렀다. 이란의 유명한 시인 페르도우시는 이 지루한 전쟁을 『샤나메(Shahname, 왕의 서)』에 적어 놓았다.

아리안족의 경제사회는 목축과 농업에 근간을 두었으며 농업과 목축인, 종교인 그리고 군인의 세 계급으로 나눠진다.

아리안족의 초기 종교와 조로아스터교

아리안족의 종교는 당시의 이란 지역에 살던 원주민의 종교와 크게 다르지 않았다. 동물을 제물로 바치는 것을 종교의 기본 의례로 가지고 있었다. 이들은 착하고 좋은 일을 담당하는 선신에게는 자신과 늘 함께 하기를 빌었고, 나쁜 일을 책임지는 악신에게는 나쁜 일이 늘 멀리하기를 기도했다. 이 종교의식을 주관하는 제사장을 마기(Magi)라고 불렀으며 시간이 지나면서 이 종교적 사상들은 각 지역의 미신적 요소들과 혼합되었다.

마기들은 신비한 능력을 가지고 사람들을 두렵게 하여 권위를 유지하였다. 마기들은 후에 메디아 제국의 제사장 종족이 된다. 조로아스터교가 국교화 되면서 이들은 다시금 조로아스터교의 제사장의 역할을 한다. 이들은 성경에도 등장하는데 아기 예수의 탄생을 경배하러 온 동방박사들이 바로 이들이다. 점성술에 능했던 이들은 별을 보고 아기 예수의 탄생을 예측해 경배하러 오게 된다. 마기들의 신비한 능력으로 말미암아 영어 'Magic(마술)'의 어원이 되었다.

이 시기에 종교 개혁가로 '조로아스터'라는 사람이 등장한다. 그는 당시의 다신교적 분위기를 개혁하고 모든 종교를 유일신인 '아후라 마즈다'를 믿는 종교로 통합하려 하였다. 그의 종교적 이론에 따르면 세상은 두 신 즉, 착하고 선한 신(아후라 마즈다, Ahura Mazda)과 악하고 못된 신(아후리만, Ahuriman)이 통치하는 영역으로 창조되었다. 선한 신으로부터 빛, 밝음, 진실, 옳음 등이 나타났으며 악한 신으로부터는 어둠, 거짓, 악 등이 생겨나 세상을 어지럽히고 있다고 설명했다. 그가 주장한 가장 중요한 사상은 선한 생각, 선한 행동, 선한 말이다. 이 세 가지 원리를 따르는 인간들이 선신 아후라 마즈다를 추종하고 좇을 때 선과 악이 투쟁하는 이원론적 세상에서 선신이 승리할 수 있을 것이라고 주장하였다. 이 세 가지 원리는 지금까지도 조로아스터교도들이 지키는 가장 중요한 생활원리이다.

그는 또한 모든 거짓과 악을 멀리하고 물, 불, 바람 그리고 땅을 더럽히지 말 것을 당부하였으며 조상들을 잘 섬길 것을 명하였다. 그는 후에 아후라 마즈다를 찬양한 찬송과 종교적 원칙들을 담아 '아베스타(Avesta)'라는 책을 만드는데, 이것이 후에 조로아스터교의 경전이 된다. 이 종교가 성장하면서 종교적 의례를 담당한 사람들을 '모베드(Mobed)'라고 불렀는데 이들은 종교와 수학, 천문 등에 능한 사람들이었다. 앞에서 언급한 대로 조로아스터교 이전의 종교의례를 주관했던 마기들이 대부분 모베드의 자리를 차지한다. 이 종교가 퍼져나가면서 아리안족의 사회 시스템도 바뀌었는데 물과 불과 흙을 귀중히 여기며 이것들과 함께 생활하는 농민 계층이 다른 사회 계층보다 상당히 중요해졌다. 이는 유목생활로 인해 다신교적 풍습이 많았던 당시의 사회, 경제, 문화를 조로아스터가 농업을 중시하는 유일신 문화로 개혁하려는 의도가 있었기 때문이다.

부족연합체에서 메디아 왕조로

이란으로 유입된 아리안족을 구성하는 가장 큰 종족이 바로 메데족(Medes, 구약성경에 나오는 메대족)과 페르시아족(Persian, 구약성경의 바사족)이다. 메데족은 자그로스(Zagros) 산맥의 동부 지역과 타브리즈와 에스파한까지 이어지는 이란의 서부지역에 살았다. 페르시아족은 크게 세 지역에 정착하였는데 우르미예 호수의 남쪽에서 중서부 자그로스 산맥에 이르는 지역, 엘람의 북쪽 국경선 인근지역 사이와 현재 파르스 주에 자리를 잡았다.

메데라는 이름은 아시리아에서 발견된 점토판에서 처음으로 나타났다. 점토판에 따르면 이들은 아리아인들로 현재 아제르바이잔 주에 살았으며 말을 다루는 기술이 뛰어난 것으로 전해지고 있다. 이들은 농사를 짓거나 목축을 하며 살았고 아시리아, 엘람 왕국 등지에도 흩어져 살았다.

기원전 9세기경 아시리아 제국의 지배하에 자그로스 산맥에 숨어 살았던 이들이 점차 연합체를 이루며 성을 이루어 살기 시작하였다. 숨어 지내던 많은 아리안 부족들이 이 연합체에 참여하였다. '만나이(Mannai)'라는 이 연합체는 아시리아의 석판에 이름이 나와 있기도 하다. 이 연합체는 점점 강성해 져서 주변의 적들을 물리쳤고 마침내 기원전 8세기 메디아 왕조(The Medes, BC 750~BC 550)를 세웠다.

메데 부족 출신의 다여코(그리스어로 '데이오케스', Deioces)는 왕이 되어(BC 728) 많은 부족들이 이 왕조에 참여하도록 부족 회의를 개최한다. 그러나 산악지대로 접근이 어렵다는 이유로 많은 수가 참석하지 않는다. 이들 대부분은 아시리아와 인접해 살고 있던 부족들로 아시리아의 보복이 두려워 이 왕조에 참여하지 못했다.

아시리아가 건재하던 시기에 시작된 메디아 왕조는 다여코가 50년 동안(BC 728~BC 675) 왕으로 메디아를 다스렸다. 그의 후계자 프라바르티쉬(Phrartes, 그리스어로 '프라오르테스')는 아시리아와의 전쟁에서 승리하였지만 다른 적인 스키타이(Scythians)에 패하게 된다.

프라바르티쉬가 스키타이와의 전쟁에서 전사한 후에 메디아는 약 28년 동안 스키타이의 지배를 받는다. 메디아의 새로운 계승자인 호바흐샤트라(Cyaxares, 그리스어로 '키악사레스', 재위 BC 628~BC 585)를 중심으로 스키타이의 지배를 물리치고 이란 고원에 살던 크고 작은 부족들을 다시 연합하여 아시리아와의 전쟁을 치른다. 바빌로니아도 아시리아와 적대 관계에 있었으므로 이 전쟁에 메디아 편으로 합세하여 기원전 612년에 아시리아를 함락시킨다.

메디아 왕조는 왜 망했는가?

아시리아를 멸망시키고 리디아와 전쟁을 치르면서 메디아 왕조는 왕조의 힘을 키우지 못했다. 오히려 귀족과 사령관만 세력을 얻었다. 호바흐샤트라는 소아시아의 리디아 제국과 평화 조약을 맺은 얼마 후 죽는다. 그의 후계자인 이쉬토비고(Ishtovigo, 그리스어로 '아스티아게스')는 아시리아의 왕실을 모방하여 사치스러운 생활을 한다. 그 이후에도 메디아의 왕들은 정치와 민생에 관심을 갖기보다 궁중향락에 빠져 살게 된다. 왕의 관심을 받지 못하는 백성들의 생활은 비참해진다. 나라도 나뉘어져서 왕을 대신하여 지방 영주들이 각 지방을 다스리게 되었다. 왕권이 약해지면서 중요한 국사는 귀족들과 지방 영주들이 참석한 귀족 회의를 통해 결정되었다.

지방 속국들 중에 안샨(Anshan: 쉬라즈에서 북쪽으로 46킬로미터 정도 떨어진 곳에 위치하는 도시)이라는 곳의 영주와 메디아 왕의 딸이 결혼을 하여 아들이 태어나는데 그가 바로 아케메니드 페르시아 왕조를 세우는 키루스 대왕(The Great Cyrus)이다.

그는 메디아 왕조의 혼란을 목격하고 새로운 나라를 위해 궁정 대신들을 자신의 편으로 만들고 바빌로니아의 왕과도 우호적인 관계를 맺었다. 이를 안 메디아 왕은 키루스를 제거하기 위해 왕궁으로 들어올 것을 명령하지만 이미 키루스는 도망친 후였다. 키루스를 잡기 위해 군대를 보내지만 군대 장관들도 키루스 편으로 돌아섰고 결국 키루스의 군대가 기원전 550년 메디아를 멸망시킨다.

메디아의 문화

종교

발견된 메디아 제국의 유물을 토대로 메디아 시대에는 예전부터 내려오던 종교들을 그대로 받아들여 믿었다고 추정된다. 고대 이란의 신인 아후라 마즈다를 믿었고 여러 곳에서 불의 제단이 발견되었다. 이 불의 제사를 행하던 사람들인 마기들을 제사장 종족으로 삼았다.

건축과 예술

메데족은 원래 천막을 치고 목축을 하며 돌아다니는 유목민족이었다. 그러나 이들이 함께 부족 연합체를 이루고 아시리아와 우라르투(Urartu: 터키 동부와 아르메니아 지역에 있었던 왕조), 엘람과 전쟁을 치루면서 적의 침입으로부터 방어할 수 있는 성의 필요성을 깨닫고 성과 그 안에 견고한 집을 짓기 시작하였다. 이 성 주위에는 몇 겹의 성벽을 만들었으며 성벽 사이에는 일정한 거리를 두어 그곳을 경비병이 지킬 수 있도록 하였다. 메디아의 수도였던 악바타나(현재 하메단 지역)에는 이런 건축양식으로 여덟 겹의 성벽이 있는 성이 있었으며 이 건축술은 우라르투의 건축을 모방한 것이다.

고고학자들에 따르면 주변으로부터 영향을 받았지만 오랜 시간 스스로 발전시키고 개발한 메디아의 건축양식은 아케메니드 페르시아 왕조로 흘러갔으며 페르세폴리스(Persepolis, 이란어로 '타크테 잠쉬드')와 같은 건축물을 만드는 데 메디아의 건축양식이 사용되었다고 보고 있다.

첫 번째 페르시아 제국, 아케메니드 페르시아

 세계 역사상 가장 강력하고 거대한 왕국 중 하나로 기억되는 아케메니드 페르시아 왕조(The Achaemenids, BC 550~BC 330)에 대한 기록은 절대적으로 부족하다. 특히 왕조 스스로가 남긴 기록들은 거의 남아있지 않다. 현재 대부분의 사료를 헤로도토스의 역사책에 의존하고 있고 그 외에 아케메니드 페르시아 왕조 시대의 건축물과 부조물에 새겨진 글씨 그리고 미술품들을 통해서 당시 사회상을 파악하고 있다. 또한 왕들이 남긴 석비와 이집트의 파피루스 그리고 구약성경을 통해서도 정보를 얻고 있다. 그 와중에 이란의 가장 큰 문화유산인 아케메니드 페르시아 왕조의 궁전인 페르세폴리스(Persepolis)를 통해 그나마 많은 정보를 얻고 있다. 이런 열악한 상황 속에서도 아케메니드 페르시아 왕조의 역사를 알고자 하는 열망은 많은 사람들이 갖고 있다. 당시 중근동 지역을 통합하여 한 문명으로 발전시킨 탁월함과 거대 제국을 큰 어려움 없이 다스린 노하우 등 아직도 많은 역사가들이 이 왕조에 관심을 가지고 다양한 연구 저작물을 발표하고 있다. 뿐만 아니라 세계 역사 속에서 다양한 거대 왕조들이 아케메니드 페르시아 왕조가 만들어낸 세계 제국을 다스리는 경영기법을 벤치마킹하였다.

위대한 왕중왕, 키루스 2세

키루스 2세(The Great Cyrus, 구약성경의 고레스)는 메디아조의 마지막 왕의 외손자로 메디아조의 많은 장군들과 함께 새로운 페르시아 왕조를 건설한다. 캄비세스 1세의 아들이자 키루스 1세의 손자인 키루스 2세는 이란 역사를 통틀어 가장 위대한 왕으로 불리며 이란 사람들의 절대적인 지지를 받는 왕이다. 그는 수많은 나라들과 부족들을 정복하면서 어떻게 하면 이들을 효과적으로 잘 다스릴 수 있을지 늘 생각했다. 그는 강력한 군사력을 바탕으로 실시하는 강압적인 정치를 펴는 대신 속국으로 삼은 다양한 민족의 문화와 왕조를 존중하면서 다스렸다. 각 민족의 종교를 존중했으며 그들을 자신들의 나라에서 자신들의 문화를 향유하면서 살도록 유도했다.

메디아 왕조가 몰락한 소식이 온 지역에 퍼지자 리디아(현재 터키) 왕이 자신이 메데족 친척임을 내세워 메디아조 통치 지역을 정복하려 하였다. 또한 리디아인들은 이집트와 바빌로니아(현재 이라크) 그리고 소아시아 지역의 군소 왕조들과 결탁하여 메디아 지역을 침략한다. 이 소식을 들은 키루스 2세는 출병하고 리디아와 메데 주의 국경 지역인 할리스 강 동편에서 치열한 전투가 벌어진다. 리디아 왕인 크로에수스(Croesus)는 전세가 불리해지자 자신의 수도인 사르디스(Sardis)로 퇴각을 한다. 그는 키루스 왕이 더 이상 추격할 수 없을 것이라 판단하고 추운 겨울에 징집병들을 해산한다. 그러나 키루스는 매서운 추위와 리디아의 강력한 기병을 뚫고 기원전 546년에 리디아의 수도 사르디스를 점령한다. 그 후 키루스는 자신의 군대 장관에게 소아시아 지방의 리디아령 그리스 지역을 공격할 것을 명령하고 자신은 본국의 안정과 동쪽 국경지역을 돌아보기 위해서 돌아간다. 리디아는 당시 중계 무역의 중심지로 많은 부를 창출한 왕조였기 때문에 이 왕조를 점령한 것은 아케메니드 페르시아 왕조의 국력을 증강시키기에 충분했다.

키루스 2세의 다음 목표는 바빌로니아였다. 나보니두스(Nabonidus)라는 왕이 다스리던 바빌로니아는 비옥하고 번영한 아시아의 가장 큰 국가로 다양한 민족이 함께 사는 국제적인 나라였다.

그러나 바빌로니아는 여러 문제를 가지고 있었다. 키루스는 바빌로니아 내부의 불화를 철저히 활용했다. 나보니두스와 그의 아들인 벨샤자르(Belhshazzar, 구약성경의 벨사살)는 바빌로니아의 주신이었던 마르두크를 믿지 않았을 뿐만 아니라 이 신을 믿는 사람들을 탄압하고 무시하였다. 이 일로 마르두크의 사제들과 일반 백성들로부터 원성과 비난을 받았다. 특히 마르두크의 사제들은 키루스로부터 사제의 권리를 보장 받은 후에 키루스의 입성을 적극적으로 도왔다. 이 외에도 번영하고 부유한 나라임에도 불구하고 많은 부가 일부 소수 계층인 궁정 대신이나 대상들 그리고 일부 종교인들에게 편중돼 있고 일반 서민에까지 흘러들어가지 않아 빈부 격차라는 사회적 갈등을 낳았다(계층 간의 극심한 빈부 격차는 후에 아케메니드 페르시아 왕조 몰락의 원인이 되기도 한다). 결국 키루스는 피 한 방울 흘리지 않고 이 내부 불화를 이용하여 기원전 539년 바빌로니아를 점령한다. 곧 아케메니드 페르시아 왕조의 영토는 멀리 아라비아 사막과 이집트 인근에 이르는 서부아시아 전역까지 확대된다.

키루스 2세는 바빌로니아를 점령한 후에 칙령을 내려 바빌로니아에 의해 끌려온 유대인들을 풀어 준다(구약성경 에스라서 제1장). 이들이 자신들의 고향으로 돌아갈 수 있도록 허가를 해 준 것뿐만 아니라 예루살렘 성이 재건될 수 있도록 재정적 지원도 아끼지 않는다. 성경에도 이 일이 기록되어 있으며 페르시아 왕인 키루스 2세를 칭송하는 많은 구절을 볼 수 있다(구약성경 이사야서 제45장).

키루스 2세는 인간의 기본권에 대해서도 최초의 선언을 하였으며 이것들을 그릇과 석비에 새겨 남겼다. 그는 종교의 자유를 인정하였고, 자신의 군인들에게 점령지 주민들을 약탈하거나 위협하는 행동을 금지시켰다. 또한 자신의 개혁정신을 전하고 점령지를 개발하려는 공공 프로젝트를 만들었다. 이러한 기록들은 현재 런던의 대영박물관에 보관되어 있고 복사본은 뉴욕의 유엔본부에도 전시되어 있다.

키루스 2세의 말년에 대해서는 잘 알려지지 않고 있다. 현재 그의 무덤은 자신의 왕궁이 있었던 쉬라즈 인근의 파사르가드(Pasargad)라는 곳에 만들어져 있다.

역사상 키루스 2세처럼 여러 민족으로부터 칭송을 받는 왕을 찾아보기 힘들다. 그는 유대인들로부터 찬양을 받았을 뿐 아니라 적국이었던 그리스에서도 오랫동안 위대한 군주로 칭송받았다.

그리스의 역사가 크세노폰(Xenophon)은 자신의 책에서 키루스 2세를 가장 이상적인 지도자로 묘사하며 '비길 자가 없는 가장 위대한 세계 정복자'로 표현했다. 헤로도토스도 키루스 2세를 그의 후계자들과 비교하여 그의 뛰어남을 증명하였다.

"페르시아인들이 말하기를 다리우스는 상인이고 캄비세스는 장인인 반면 키루스는 아버지라고 한다. 왜냐하면 다리우스는 늘 어떤 결과나 이익을 중시 여겼고 캄비세스는 거칠고 가혹했지만 키루스는 자상하게 배려해 주었기 때문이다."

메데인들은 키루스를 정복자로 생각하지 않았고 자신들과 같은 혈통의 왕으로 여겼다. 유대인들도 그를 '하나님의 기름

키루스 대왕의 무덤

부음 받은 자' 그리고 '하나님의 목자' 등으로 칭송하였다. 알렉산더 대왕조차도 키루스 2세를 위대하게 여겨서 그의 무덤인 파사르가드만은 파괴하지 않았다.

이집트를 정복한 캄비세스 2세

키루스 2세는 두 명의 아들을 두었는데 장자가 후계자였던 캄비세스 2세(Cambyses II)이고 둘째가 바르디야[Bardia, 헤로도토스는 스메르디스(Smerdis)라고 불렀다]이다.

키루스가 살아있을 동안에는 캄비세스는 바빌로니아를 통치했고 죽고 나서 그의 후계자로 왕권을 승계했다. 그는 왕위를 잇자마자 북동쪽의 국경을 안정화시키고 왕위에 오른 지 4년 만에 대규모 군대를 이끌고 기원전 525년에 이집트로 원정을 떠난다. 4년 만에 대규모 원정군을 결성할 수 있던 이유는 이미 키루스 왕이 모든 것을 준비해 놓았기 때문이다. 물자와 군대 그리고 원정에 필요한 모든 것을 세밀하게 미리 준비한

덕에 이집트 공격을 재빠르게 시작할 수 있었다.

이 군대는 아랍인들의 도움으로 이집트의 첫 방어선인 시나이 사막을 손쉽게 건널 수 있었다. 그리고 이집트의 동부 전선의 가장 중요한 요새인 펠루시움(Pelusium)을 점령했다. 이집트군은 현재 카이로 근처인 고대 수도 멤피스로 퇴각했다. 캄비세스는 멤피스도 포위하고 맹공을 퍼부어 이집트 제26왕조의 파라오 프삼티크 3세(Psamtik III)의 군대를 격파하고 이집트를 정복한다.

이집트 정복은 아케메니드 페르시아 왕조에게 큰 의미가 있다. 키루스의 정복사업을 이어가는 의미도 있지만 더 큰 것은 당시 거대한 문명을 이룬 제국을 쓰러뜨리고 그 지역의 부와 영토를 획득했다는 데 있다. 키루스의 바빌로니아 정복과 캄비세스의 이집트 정복은 아케메니아조의 문화와 문명의 발전에 큰 밑거름이 된다.

그는 곧 군대를 세 팀으로 나누어서 현재 튀니지 지역과 나일 강 서쪽의 아몬 지역과 누비아(현재 수단과 에티오피아 지역) 지역으로 정복군을 보낸다. 누비아 지역은 캄비세스가 친히 지휘를 한다. 그러나 세 지역 모두 승리를 거두지 못하고 원정에 실패한다.

기원전 522년 본토에서 그의 동생인 바르디야를 추종하던 세력들이 반란을 일으켰다는 소식을 듣고 급하게 귀국에 서두르지만 귀국 도중 화병으로 캄비세스는 사망한다.

캄비세스는 위대한 왕이었던 아버지 키루스와 같은 좋은

평판을 듣지는 못한다. 그의 짧은 치세에도 불구하고 이집트 정복이라는 놀라운 승리를 남겼지만 여러 불미스러운 일들로 오점을 남기기도 했다. 그는 누비아 원정 실패 후 미쳤다는 소문이 돌았는가 하면 키루스와는 다르게 이집트의 점령 주민들에게 많은 잔혹한 짓을 저질렀다.

그러나 그가 행한 가장 잔혹한 일은 이집트 원정을 떠나기 전에 자신의 동생인 바르디야를 죽인 것이다. 이것은 이란 역사의 풀리지 않는 수수께끼 중에 하나이다.

헤로도토스의 기록과 다리우스가 남긴 비스툰(Bistun) 석비에 의하면 캄비세스가 원정을 떠나면서 통치를 맡겼던 심복인 프레사스페스(Prexaspes)로 변장한 조로아스터교 사제 가우마타(Gaumata)가 은밀히 바르디야를 암살했다고 전해지고 있다. 가우마타는 그 후 몇 개월간 페르시아를 통치를 했지만 다리우스와 그를 지지하는 7명의 영주들에 의해서 진압되고 결국 왕권은 다리우스에게 넘어간다. 정확하게 정설로 인정되는 이야기가 없는 가운데 캄비세스에서 다리우스로 왕위가 이양되는 과정은 미스터리로 남아있다. 진실을 알기 위해 많은 사학자들이 오랫동안 매달렸지만 자료의 부족으로 아직도 진실은 밝혀지지 않았다.

세계 제국을 만든 다리우스 왕

다리우스(Darius, 구약성경의 다리오)는 왕위 계승 후 2년 동안 모두 19번의 전투를 통해 반란에 참가했던 9명의 지방 제후들을 처단했다. 이 9명의 지방 제후들을 압송한 장면은 케르만샤(Kermanshah) 근처 비스툰 지역의 돌산에 새겨져 있다. 이 장면이 나오는 전투에 직접 다리우스가 참전했고, 나머지는 신임하는 장군들을 보내 치르게 했다. 그는 이집트의 반란도 직접 가서 진압하고 곧 북인도도 자신의 제국으로 편입시켰다. 이 모든 전투가 비스툰 석비에 새겨져 있다. 비스툰 석비는 인류 역사상 가장 오래된 석비 중에 하나로 아케메니드 페르시아 왕조를 연구하는 역사가들에게 귀중한 자료가 되고 있다.

다리우스는 전 제국에 걸쳐 일어났던 반란을 진압하고 확장정책을 지속적으로 수행해 나간다. 그가 만들어낸 정책과 확장된 영토는 대왕이라는 칭호를 받기에 손색이 없다. 페르시아 제국을 동쪽으로는 인도까지 확장시켰고 서쪽으로는 흑해 지역을 점령하여 그리스가 차지하고 있던 흑해 무역권을 빼앗아 왔다. 말년에는 소아시아 반도의 많은 지역에서 반란이 일어나자 이를 진압하고자 다시 그리스와의 전쟁을 시작했다. 이 전쟁의 중심에는 아테네와 스파르타가 있었으며 다리우스는 그들을 징벌하려 하였다. 그의 군대가 그리스로 출병했고 아테네인들을 자신의 나라를 수호하기 위해 혼신의 힘을 다해 대군인 페르시아 군을 격퇴한다. 이 전쟁이 일어난 곳이 마라톤이다. 다리우스는 다음 해에 다시 그리스를 침공할 계획을 하고 돌아가지만 곧 죽게 된다. 아테네인들과 그리스의 역사가들은 이 전투를 잊지 않고 기록으로 남겨 길이길이 기념하고 있다. 이 사건이 바로 올림픽 마라톤 경기의 기원이 된다.

물론 일생 동안 몇 번의 군사적 패배를 경험하기도 했지만 다리우스는 가장 큰 제국을 세운 고대 페르시아의 군주였다. 그는 뛰어난 군인은 아니었지만 위대한 정치가였다. 그 큰 제국을 다스릴 수 있는 정치 시스템을 구축하여 효과적으로 제국을 다스렸다. 그는 제국을 효과적으로 나누고 중앙 정부에서 파견한 지방 행정관이 다스리게 하여 하나의 통합된 권력을 가졌다.

다리우스가 집권한 초기에 20개였던 지방도가 시간이 지나면서 점점 확대되었으며 지방관들은 정해진 세금을 매년 바쳐야 했다. 각각의 지방들이 독립적으로 다스려졌지만 왕의 귀와 눈으로 불리는 스파이들이 거의 실시간으로 지방의 모든 지역의 정보를 왕에게 보내서 모든 지역을 한눈에 파악할 수 있도록 하였다. 또한 지방의 군사는 지방관이 통수권을 가지는 것이 아니라 왕의 임명을 받은 지방 사령관이 통수권을 가지고 있어서 왕에게 복종하도록 하여 지방분권제이지만 실제적으로 모든 권력은 왕에게 집중되도록 하였다.

아케메니드 페르시아 왕조의 법은 점령지 시민들에게 과도한 압력을 가하지 않았다. 중앙권력에 복종하고 정해진 세금을 바치기만 하면 자신의 법과 종교적 전통에 따라 자신들의 언어를 사용하면서 살 수 있는 자유가 주어졌다. 몇몇 지역에서는 지역적 통수권을 왕위 세습을 하듯이 세습하면서 자치를 누렸다. 그래서 페르시아의 왕을 왕중왕으로 불렀다. 메데와 페르시아 민족 같은 경우는 세금 납부 대신 군대를 제공하기도 하였다.

관대하고 자유스럽지만 아케메니드 페르시아 왕조는 법에 대해 많은 관심을 가지고 발전시켰고 그리스의 법에도 많은 영향을 주었다. 특히 다리우스 왕은 스스로가 법률의 선각자로 기억되기를 원할 정도로 훌륭한 법과 거대 제국에서 사용될 수 있는 보편적 법을 만들었다.

아케메니드 페르시아 왕조가 효과적으로 거대한 제국을 다스릴 수 있었던 가장 큰 요인은 모든 지역으로 그물망처럼 뻗어있는 도로 시스템 덕분이다. 수사에서 사르디스까지 이르는 2703킬로미터의 '왕의 대로'와 곳곳에 있는 역은 새롭고 강한 말을 언제든지 갈아 탈 수 있게 준비가 되어 있어서 모든 소식이 15일 만에 제국 전역으로 갈 수 있었다. 당시에 사용되던 소식을 전하던 자들의 표어가 현재 뉴욕의 우편국에서 차용되어 사용되고 있다. "눈이 오나 비가 오나, 폭염과 깊은 어둠 속에서도 정해진 지역에 소식을 전하는 임무를 신속히 완수한다."

아케메니드 페르시아 왕조의 경제 시스템은 농업과 무역을 기본으로 세워졌다. 다리우스는 이 두 가지 영역을 직접 관리하였다. 농업을 위해서는 관개시설을 개선하고 가나트라는 지하수로를 만들어 직접적으로 지원하였고 무역을 위해서는 은화와 금화를 주조하여 물품이 제국 전역으로 흘러가면 반드시

왕들의 무덤이 된 낙쉐로스탐

은화나 금화로 결제하도록 하였다. 이러한 혁신적 유통과 결제 시스템은 모든 제국이 유기적으로 상호 교류를 하면서 돌아가게 만들었다. 그로 인해 제국의 언어인 페르시아어가 더 활발히 사용되었으며 이로 인해 유럽까지 페르시아어가 흘러 들어가게 되었다. Bazaar, Sugar, Shawl, Tiara, Orange, Lemon, Peach, Pistachio, Spinach 등의 단어들이 페르시아어에서 온 단어들이다.

다리우스는 이 외에도 새로운 시장과 자원을 찾기 위해 지원을 아끼지 않았다. 이집트에서는 운하를 만들어 후에 수에즈 운하를 만들 수 있는 아이디어를 제공해 주었고 페르시아 해안가에 항구를 만들도록 독려하였다. 또한 도량형을 통일하여 경제 활동의 활성화에 기여했다.

다리우스는 고대 페르시아어의 쐐기문자를 더 많이 통용시켰고 페르세폴리스를 세워서 조로아스터교의 가르침을 더 확장시켰다. 페르세폴리스는 노우루즈(3월 21일 춘분으로 조로아스터교의 신년 절기)에 아후라 마즈다에게 제사를 지내기 위해 만든 곳이다. 다리우스는 제국에 조로아스터교를 보급하는 데 앞장섰다. 그는 36년간 다스린 후에 페르세폴리스 인근의 왕들의 무덤이 된 낙쉐로스탐에 묻혔다.

풍운아 크세르크세스 1세

다리우스가 죽은 후에 페르시아 왕의 수준이 급격히 떨어졌다. 장자 계승원칙이 있음에도 불구하고 다리우스는 자신의 후계자로 장자가 아닌 크세르크세스 1세(Xerxes, 구약성경의 아하수에로)를 지명했다. 그는 비록 장자는 아니지만 다리우스가 왕이 되고 낳은 첫 번째 아들이었다. 그는 키루스 대왕의 딸인 아토싸(Atossa)의 소생으로 정통성을 가지고 있었고 다리우스 말년에는 함께 제국을 통치했다. 강하고 단호한 성격을 가졌지만 아버지처럼 꼼꼼하고 빈틈없이 일하지 못했던 그는 선왕들이 취했던 복종하는 점령지에 행했던 회유책을 철회하고 각 지역의 자율적인 삶을 무시했다. 그는 작은 불만도 용서하지 않았으며 강력하게 억압했다.

그는 바빌로니아와 이집트의 반란을 진압하고 아버지의 숙원 사업인 그리스 정복을 위해 엄청난 군사를 일으킨다. 아케메니드 페르시아 왕조의 통치하에 있던 그리스인들이 반란을 일으키면서 그들을 진압하고 본토까지 공격하고 나선 것이다.

초기의 그리스 침공은 성공적이었다. 크세르크세스의 군대가 아테네까지 점령하여 유명한 아크로폴리스에 불을 질렀다. 그러나 살라미스(Salamis) 해전과 플라타에아(Plataea)와 미칼레(Mycale) 전투에서 잇달아 패하면서 그리스에서 쫓겨 나왔다. 그 이후 크세르크세스는 더 이상 원정에 흥미를 잃고 파르스 지역으로 돌아와 아버지 다리우스가 시작한 페르세폴리스 건축에 열을 올린다. 그는 화려한 궁전을 지어 놓고 말년에는 그곳에서 호화스런 생활을 즐긴다. 그의 사치스러운 궁정생활은 페르시아의 부에 대해서 많은 이야기 거리를 남기고 페르시아 왕들의 전설과도 같은 호화로운 생활에 대한 상상을 만들어 놓았다. 결국 그는 기원전 465년 큰 아들과 함께 궁중암투에 휘말려 암살당한다. 그의 부인 중에는 유대인 출신의 에스더가 있다.

크세르크세스 1세 사후에서 아케메니드조의 몰락까지

크세르크세스 1세 사후 아르타크세르크세스 1세(Artaxerxes I, 구약성경의 아닥사스다)가 왕위를 잇는다. 그는 비교적 조용하게 제국을 다스렸다. 이집트에서 일어난 큰 반란을 포함하여 여러 차례 발생한 반란을 진압하고 그리스와 평화협정을 맺는 등 나라의 안정에 주력했다. 이 평화 시기에 그리스의 역사가 헤로도토스가 페르시아 지역을 자유롭게 여행하면서 자신의 역사책을 위한 자료를 수집했다. 조로아스터교의 달력이 보급되어 공식적으로 사용되었다.

아르타크세르크세스 1세의 통치 시기는 아케메니드 페르시아 왕조 시대의 마지막 중앙집권적 번영기였다. 그가 죽은 기원전 424년 이후로 황실의 각 가문을 따라 세력 분열이 가속화 되었다. 그의 후계자인 크세르크세스 2세는 왕위에 오른 지 45일 만에 이복동생 소그디아누스(Sogdianus)에게 죽임을 당한다. 그러나 이러한 혼란을 또 다른 이복동생인 다리우스 2세가 잠재우고 왕위에 올라 약 20년간 다스린다. 하지만 이 20년도 아케메니드 페르시아 시대가 역사의 뒤안길로 가는 중간 여정일 뿐이었다.

키루스와 캄비세스, 다리우스가 만들어 놓은 대제국 아케메니드 페르시아가 후대의 무능한 왕들로 인해서 점점 붕괴되어 갔다.

다리우스 2세를 이어서 아르타크세르크세스 2세가 왕위에 올라 스파르타를 제압하고 소아시아에서 그리스 세력을 몰아내었다. 그리고 소아시아 지역은 자신의 동생인 젊은 키루스(Young Cyrus)에게 다스리도록 하였다. 젊은 키루스는 기원전 401년 그리스의 용병이 합세한 자신의 군대와 어머니의 지지로 형에게 반란을 일으킨다. 그는 사르디스에서 페르시아 쪽으로 군사를 일으켜 진군해 온다. 그러나 바빌로니아 지역에서 아르타크세르크세스 2세의 군대에게 패하고 죽임을 당한다. 젊은 키루스에 대한 그리스와 페르시아의 평가는 상반된다. 그리스 쪽에서는 적국과 협정을 맺고 새로운 관계를 시도한 결단력 있는 정치가로 불리는 반면 아케메니드조에서는 적인 그리스를 이용하여 조국을 공격한 배신자로 여기지고 있다. 그러나 역사가들은 유약하고 우유부단했던 아르타크세르크세스 2세에 비해 키루스 대왕을 모델로 삼고 개혁을 하려던 젊은 키루스가 왕의 자리에 더 적합한 인물로 평가한다. 결국 유약했던 아르타크세르크세스 2세는 이집트인들의 반란으로 인해서 이집트를 잃었다.

이 시기에 이란의 고대 신인 미트라(Mithra)와 아나히타(Anahita)를 아후라 마즈다와 함께 왕실의 신으로 받아들여 국운을 흥하게 하려 하였으나 나라는 점점 기울어 갔다.

아르타크세르크세스 3세는 왕이 될 경쟁자들을 모두 죽이고 권력을 차지했다. 그는 무자비하게 반란을 진압했지만 끊임없이 일어나는 모든 반란을 잠재울 수는 없었다. 20년간 페르시아를 통치한 그는 환관 바고아스(Bagoas)의 사주를 받은 황실 의사에게 아들들과 함께 독살을 당한다. 바고아스는 유일하게 살아남은 막내아들 아르세스(Arses)를 왕으로 세운다. 아르세스는 호락호락 바고아스의 뜻을 따르지 않았다. 그는 바고아스를 죽이고 자살하려 했으나 실패하고 만다. 바고아스는 아르세스의 뒤를 이어 아르메니아를 다스리고 있던 아르타크세르크세스의 조카손자인 다리우스 3세를 왕위에 즉위시킨다. 그러나 그도 알렉산더의 등장으로 인해 오랫동안 왕위를 유지하지 못한다.

알렉산더는 페르시아의 전 지역을 정복하고 페르시아 문명을 대체할 새로운 그리스 문명의 시작을 알리는 의미로 페르세폴리스를 불태운다.

그러나 페르시아 문명은 쉽사리 없어지지 않았다. 세계 역사가 진행되는 동안 아케메니드 페르시아 제국이 다스렸던 통치방법은 다른 왕조에 의해 수없이 모방, 변형되면서 다양한 인종과 종교, 언어, 풍습을 가진 대제국을 다스리는 가장 효과적인 방법으로 자리 잡았다.

아케메니드 페르시아의 문화

대제국의 통치법

최근 2세기 동안 아케메니드 페르시아에 대한 연구가 활기를 띠면서 이 시기가 재조명되고 있다. 특히 정치, 사회, 문화적으로 다양한 방면에서 뛰어난 정책을 가지고 국정을 운영했음이 입증되고 있다. 아케메니드 페르시아는 바빌로니아와 이집트를 속국으로 만들면서 대제국을 건설하였다. 이미 이 지역들은 자신들만의 문명을 가질 정도로 발전된 국가였으며 물론 많은 지식인과 예술인들을 보유하고 있었다. 아케메니드 왕조는 이들을 한데 모아 새로운 문화 창조에 이용하였다.

대제국을 건설하고 여러 곳에서 일어난 반란을 잠재운 다리우스는 이 거대 제국을 다스리기 위한 새로운 법률과 기관 등이 필요함을 깨닫고 법령을 세운다. 그리고 지방 각지의 반란을 감시하고 세금을 정확하게 납부하는지에 대한 지속적인 통제와 감시를 위해 여러 일들을 진행한다.

그중의 첫 번째 일이 바로 상호간 정보의 원활한 교환을 위해 말과 관련된 시설들을 발달시킨 것이다. 이들은 먼 곳에서부터 빠르게 소식을 가져오고 왕의 명령을 신속하게 다시 전하기 위해 말의 휴게소를 설치하고 새로운 말들을 준비해 지방과 중앙 정부 간의 빠른 의사소통을 가능케 하였다. 말을 갈아 탈 수 있는 휴게소는 24킬로미터마다 세워져서 늘 새로운 말이 준비되어 있었다. 빠른 의사소통을 위해서 도로의 발달도 필수적이었다. 제국의 모든 지역에서 당시 수도였던 수사로 오는 길이 신설되고 정비되었다. 멀리 바빌로니아에서 수사로 오는 긴 도로뿐만 아니라 이란 내의 짧은 길도 신설되었다.

다리우스는 또한 각 종족별로 제국을 나누어 통치하였다. 각 지역마다 치안을 담당하는 책임자를 임명하였으며, 그와 함께 행정관을 보내 그 지역을 통치하고 조사하도록 하였다. 이곳에는 군 총사령관도 존재하여 이 세 명(치안 책임자, 행정담당 책임자, 군 책임자)이 함께 한 지역을 통치하여 한 사람에게 권력이 집중되는 것을 막고 서로 균형과 감시의 역할을 하도록 했다. 이외에도 각 지역에 왕의 스파이들을 보내서 왕의 귀와 눈처럼 각 지역의 소식과 정보를 왕에게 보내도록 하였다.

다리우스가 실행한 또 다른 업적은 금화와 은화를 주조하여 유통시킨 것이다. 아케메니드 페르시아 이전에도 동전이 만들어져 유통되었지만 아케메니드조만큼 적극적으로 사용된 왕조는 없었다. 아케메니드조는 각 지역의 세금과 군인과 궁정 대신들의 월급을 금화와 은화로 지급하는 등 제국의 전역에 걸쳐 통용되도록 유통시켰다.

제국 전체에 문서를 보낼 때에도 공용문서에 처음에는 아람어와 바빌로니아어를 사용하였지만 시간이 지나면서 고대 페르시아 문자가 사용되었다. 또한 제국의 수입이 늘어나면서 아케메니드 페르시아의 경제 상황도 발전하여 귀족들뿐만 아니라 일반 서민들의 삶도 부유해지면서 당대 가장 부강한 나라가 되었다.

다리우스는 왕과 궁을 호위하는 왕궁수비대를 조직하였다. 이모탈(Immortal)이라고 불리던 최강의 군대인 이들은 1만 명의 엄선된 군인들로 다른 군대보다 엄격하게 훈련되고 단련된 자들로 구성되었다. 이들 중 한 사람이라도 죽게 되면 즉시 다른 사람으로 채워졌으며 늘 같은 숫자를 유지하였기 때문에 불멸의 군대라는 이름을 가지고 되었다. 이들의 총 책임자는 반드시 페르시아인 중에 왕의 신뢰를 받는 자 중에 선발되었다.

예술, 산업, 건축

아케메니드 페르시아의 건축술은 주로 왕궁을 통해서 확인할 수 있다. 키루스 왕은 자신의 왕궁을 현재 파르스 주 쉬라즈 인근에 있는 파사르가드(Pasargad)에 건설했다. 그는 궁 주변을 아름다운 정원으로 꾸몄지만 현재는 그의 무덤과 몇몇 성의 흔적만을 볼 수 있다. 그의 아들인 캄비세스는 치세가 짧아 자신의 왕궁을 건설하지 못했지만 그의 뒤를 잇는 왕들은 자

아케메니드 페르시아의 번영을 상징하는 페르세폴리스 전경

신만의 왕궁을 짓기 시작하였다.

특히 다리우스 왕은 왕위를 계승하고 나서 수사에 자신을 위한 궁을 지었지만 정작 그의 권력과 힘을 과시하는 거대한 건축물은 쉬라즈 인근에 세운 페르세폴리스이다. 다리우스 사후에도 150년간 이 곳의 왕궁 건설은 지속되었다. 왕궁 안은 아름다운 장식과 왕들의 석상으로 장식되었으며 이런 이유로 아직도 페르세폴리스에는 아케메니드 왕조의 왕들의 석상들과 뛰어난 조각들이 남아있다. 이곳에서 행했던 종교 의식의 총 책임자는 이곳의 일뿐만 아니라 나라의 행정업무까지 감시할 정도의 권력을 가졌다.

아케메니드 왕조 기간 동안 만들어진 돌 비문들은 비스툰과 페르세폴리스, 낙쉐로스탐, 수사에서 발견되었으며 당시 사용되던 그릇들과 석상 위에도 글들이 새겨져 있었다.

이외에도 현재까지 발견된 유물들은 금, 은, 청동으로 만들어진 동전과 무기, 술잔, 그릇, 저울과 석상들이 있다. 이것을 보면 당시 예술이 얼마나 뛰어났는지 짐작할 수 있다. 현대의 뛰어난 예술가와 장인들도 당시의 유물들을 그대로 만들어 내지 못할 정도로 뛰어난 예술품들이다. 당시 유품은 단순히 기술이 뛰어나다고 만들 수 있는 것이 아니라 예술에 대한 집념과 혼이 담겨 있어야 했다. 이들은 자신이 만든 하나하나에 최선을 다했다. 일례로 귀족들이 사용하는 그릇들뿐만 아니라 일반 백성들이 사용하던 것들도 굉장한 수준의 예술품이었으며 일반적으로 사용되는 물통, 접시 등도 상당한 예술적 경지에 오른 것들이 대부분이었다고 밝혀지고 있다.

당시 유행하던 옷 스타일은 주름진 모양이었고, 귀족들은 금 장신구가 장식된 화려한 색깔의 옷들을 선호하였다.

Tip. 페르세폴리스의 일생

타크테 잠쉬드['잠쉬드의 왕좌'라는 뜻, 그리스어로 페르세폴리스(페르시아 인들의 도시)]는 아케메니드 왕조가 만든 최고의 건축물이다. 이 왕궁은 라흐마트('자비'라는 뜻) 산 중턱으로 다리우스가 직접 위치를 선택하였다. 그는 이 왕궁을 위해 전 제국의 내로라하는 건축가들과 예술가들을 모았고 산을 깎아서 터를 만들었다. 매일 수많은 사람들이 이 왕궁의 건축에 투입되었다. 다리우스 이후에도 크세르크세스, 아르타크세르크세스 1세, 아르타크세르크세스 2세 같은 왕들이 타크테 잠쉬드에 자신의 궁을 계속해서 증축했다. 이들은 궁 내부를 세상에서 가장 값 비싸고 진귀한 가구와 그릇들, 카펫들로 꾸몄다. 대부분의 내부 장식에는 순금을 사용하였다. 이 장소는 매년 노우루즈와 메흐레건이라는 조로아스터교의 종교 축제가 거행되었다. 이 행사에는 아케메니드 페르시아의 모든 속국에서 사신을 보내 가장 진귀한 선물을 왕에게 진상하였다.

페르세폴리스 벽의 부조(왕을 알현하는 장면)

거대한 왕궁 터에는 왕들의 개인 궁들과 외국 사신들을 알현하는 궁들이 세워져 있으며 외벽에는 당시 사신을 접대하는 그림들을 사실적으로 새겨 놓았으며 뒤편에는 왕들의 무덤이 고스란히 남아있다.

이 타크테 잠쉬드를 그리스인들은 페르세폴리스라고 불렀으며 알렉산더가 이곳에 발을 들인 것이 타크테 잠쉬드를 만든 지 거의 150년 뒤의 일이다. 그는 타크테 잠쉬드를 점령하고 무고한 백성들을 죽이고 이곳의 진귀한 보물들을 끌어내어 그리스로 보내고 나머지 왕궁은 불태웠다. 이 일은 후에 역사가들이 알렉산더가 행한 가장 큰 과오 중 하나로 평하고 있다.

타크테 잠쉬드는 이렇게 허무하게 불태워지고 나서 다시는 그 영광을 재현하지 못했을 뿐만 아니라 사람들의 기억에서 지워졌다. 후에 이 지역을 사람들은 정확히 어느 시대의 무슨 건물인지조차 알지 못했다. 누군가는 이곳이 솔로몬의 궁전이었다고 하고 누군가는 페르시아 신화의 잠쉬드의 궁전이었다고도 했다. 그러나 근대에 알렉산더가 타크테 잠쉬드(페르세폴리스)를 불태웠다는 역사를 알고 있던 유럽인들이 이곳을 보고 타크테 잠쉬드임을 깨닫고 이곳을 집중적으로 연구하여 수십 권의 책과 논문을 발표하였다.

Tip. 고대 페르시아인들의 고향(타크테 잠쉬드, 낙쉐로스탐, 파사르가드)

이란 남부의 역사 도시 쉬라즈에서 50킬로미터 정도 떨어진 곳에 위치한 타크테 잠쉬드(페르세폴리스)는 이곳을 방문하는 관광객들을 2,500년 전 이란으로 안내한다. 아케메니드조의 수도는 총 4개였다. 여름 궁인 하메단, 현재 이라크 바그다드 인근지역에 있는 크테시폰(Cteshiphon), 겨울궁으로 사용했던 수산궁(슈쉬) 그리고 노우루즈(3월 21일 춘분으로 이란력의 1월 1일)때 아후라 마즈다에게 제사를 지낼 때 쓰던 타크테 잠쉬드가 바로 그것이다. 그중 타크테 잠쉬드는 비록 원형의 모습을 알아볼 수 없을 정도로 훼손된 것을 복원하고 있지만 당시의 웅장함과 의식들이 벽에 새겨져 있어서 당시의 시대상을 확인할 수 있다. 당시 28개의 속국이 자신들의 특산품을 바치던 모습이 그대로 새겨져 있으며 열방의 문(The Gate of All Nations)은 아시리아와 이집트의 문화적 영향

열방의 문

을 확인할 수 있다. 또한 당시 종교적 영향을 확인할 수 있는 벽화나 부조들이 건재하고 문화와 역사를 알 수 있는 석비가 남아 있어 당시 생활을 상상할

조로아스터교의 카바

수 있다. 페르세폴리스는 충분한 시간을 가지고 음미하며 볼만한 가치가 있는 훌륭한 세계 문화유산이다.

타크테 잠쉬드에서 차로 10분 정도 달려가면 낙쉐로스탐(Naqsh-e Rostam: 로스탐의 그림이라는 뜻, 그리스인들은 네크로폴리스 즉, 죽은 자들의 도시라고 불렀음)이라는 곳이 나온다. 다리우스 1, 2세 크세르크세스 1세, 아르타크세르크세스 1세가 묻혀있는 이곳은 사산조 시대의 부조 그림들이 남아 있어 페르시아 제국의 역사를 고스란히 느낄 수 있는 곳이다. 여기에 조로아스터교도들이 카바(신성한 돌)로 여기는 유적이 남아있어 많은 조로아스터교인들이 순례를 오기도 한다.

낙쉐로스탐에서 차로 1시간 10분 정도 달리면 현재는 키루스의 무덤과 성터가 남아 있는 파사르가드가 나온다. 사실 볼거리는 다른 두 곳에 비하면 떨어지지만 아케메니드 페르시아의 역사를 음미해 보고 싶은 사람은 반드시 방문하는 코스이다.

이것들을 돌아보면 유서 깊은 이란 역사를 새삼 느낄 수 있고, 이 모든 유적지들이 쉬라즈의 구름 한 점 없는 파란

하늘과 조화를 이루면서 우리들을 2,500년 전으로 돌아가게 만든다.

분권과 공존의 시대, 파르티아 왕조

　파르티아 왕조(The Partians, BC 250~AD 226)는 이전 왕조인 아케메니드 페르시아와 이후인 사산조 페르시아보다 오랫동안 유지되었지만 오히려 남아있는 사료들은 적다. 이슬람 이후 시대 역사가들도 파르티아 제국에 대해서 많은 정보를 가지고 있지 못했으며 따라서 자신들이 저술한 역사책에도 이 시대를 상세히 소개하지 못하고 있다. 그 이유는 두 가지로 볼 수 있는데 첫째는 파르티아를 멸망시킨 사산 왕조가 파르티아의 역사를 말살시킨 것이고 둘째는 강력한 중앙집권적 통치 체제가 없었던 파르티아 사회 구조적 특징 때문에 자신들의 역사를 스스로 기록, 정리하지 못한 것이다.

　그러나 최근 100~200년 간 파르티아 제국에서 만들어진 석비와 동전들이 발견되고 많은 고고학자들의 피나는 노력으로 당시의 정치 사회상들이 조금씩 알려지고 있다.

셀루키드조

알렉산더 대왕이 죽은 후에 그의 제국은 급속히 붕괴되고 그의 휘하 장수들은 더 많은 지역을 차지하기 위해 싸움을 벌였다. 결국 이들 중에 셀루커스(Seleucus)라는 장군이 아케메니드 페르시아 지역을 평정하고 기원전 312년 바빌로니아에 셀루키드조를 세운다. 셀루커스는 알렉산더의 알렉산드리아처럼 자신의 이름을 딴 셀루키예라는 도시를 세워 그곳을 수도로 정한다.

이렇게 이란에 생겨난 마케도니아계 그리스 왕조는 셀루키드라는 이름으로 이란의 역사 속에 남아 있지만 100년을 지속하지 못했다. 이 왕조는 권력을 차지하기 위한 왕궁 내의 분열과 다툼이 끊이지 않았다. 외부적으로는 이란의 여러 부족들이 반란을 일으켜 늘 전쟁의 위협에 놓여있었다. 결국 셀루키드조는 이란 내의 가장 큰 저항 부족이었던 동부의 파르티아 족에게 쫓겨 이란을 떠나게 된다. 이란에서 쫓겨나 서쪽으로 이동했지만 당시 급성장 중이던 로마와의 대결에서 패하면서 결국 멸망하게 된다.

파르티아의 흥망

파르티아족(Parthian, 구약성경의 바대족)은 아리안족의 한 부류로 이란의 북동쪽에 이동하여 살았던 민족 중 하나이다. 이들은 유목민족으로 정착하여 살지 않고 이곳저곳 이동하여 살았으며 민첩하고 용맹한 민족으로도 알려져 있었다. 이들은 기마전투와 활쏘기로 유명했으며 이들이 잘 사용했던 활쏘기 기술이 바로 파르티안 샷(Parthian shot)으로 알려진 말을 타고 달리며 뒤로 돌아 쏘는 기술이다.

이들 중에서도 가장 강력하고 용맹한 부족이 팔라비라는 부족이었다. 팔라비족의 아슈크 장군이 셀루키드 왕조가 세워지고 약 70년 뒤인 기원전 248년 셀루키드조에 반기를 들고 반란을 일으켰다. 셀루키드 왕조는 이 반란을 진압하기 위해 군대를 보내지만 패하고 만다. 많은 역사가들이 바로 이 시기가 파르티아 제국이 설립된 시기로 보고 있다.

이후에 파르티아 제국은 점점 확대 되었다. 아슈크의 형제이자 후계자였던 티르더드가 파르티아 제국을 정비하였고 메흐르더드는 영토를 동과 서로 더욱 확장시켰다.

그는 정복자로 불리면서 셀루키드조 시기의 페르시아 영토를 거의 모두 회복한다. 오랫동안 파르티아 제국은 동전뿐만 아니라 예술과 언어 및 국가적 전통의식까지 그리스의 헬레니즘 문화의 영향을 받았다.

파르티아 제국의 가장 찬란했던 시기 중 하나가 메흐르더드 2세(Mehrdad II)의 통치기이다. 그는 동쪽으로는 중국과 인도에서부터 서쪽으로 로마 제국에 이르는 거대한 제국을 건설했으며 아케메니드 페르시아 이후로 다시 왕중왕이라는 칭호를 사용했다. 그는 중국, 로마와 외교 관계를 맺고 이란을 통과하는 길로 무역을 활성화시켰다. 이 길은 후에 '실크로드'라는 이름으로 알려지게 된다.

메흐르더드 2세가 죽고 나서 잠시 혼란에 빠지지만 파르티아 왕 중 가장 유명한 왕인 오로두스 2세(Orodus II)가 등장하면서 나라는 안정을 되찾는다. 그의 통치 기간 중 파르티아 제국의 힘은 정점에 달했으며 잠시나마 아케메니드 페르시아 시기의 영토를 거의 회복한다.

그러나 이러한 영광이 오래 지속되지는 못했다. 파르티아 제국 자체가 지방 분권적 정치 시스템을 가지고 있었기 때문이다. 왕의 명령이 신속히 실행되지 못했고 종종 거부되는 일도 발생했다. 더구나 동쪽과 서쪽 외부의 적들이 강성해지기 시작했다. 동쪽으로는 아프가니스탄과 인도를 포함한 중앙아시아의 새로운 왕조인 쿠샨 왕조의 위협이 거세지기 시작했고 서쪽으로는 로마의 세력이 있었다. 로마는 소아시아를 점령하고 동쪽으로 지속적인 팽창정책을 고수했다. 이러한 로마의 정책으로 이란의 파르티아 제국과의 전쟁이 불가피하였고 이 갈등은 파르티아 제국을 지나 사산조 제국까지 약 700년간 계속된다.

이란과 로마의 주요 마찰 원인 중 하나가 아르메니아 문제이다. 아르메니아는 최초로 기독교를 국교로 정한 파르티아의 속국이었다. 그러나 로마는 아르메니아의 내정에 간섭하며 파르티아와 분리시키려 노력하였기 때문에 지속적으로 갈등을 불러일으켰다.

파르티아는 왕조 말기로 갈수록 반헬레니즘적인 분위기가 형성되고 반외세적 민족주의 성향이 강하게 나타났다. 파르티아 후기의 가장 중요한 통치자 중에 하나인 아르타바누스 3세(Artabanus III, 이란어로 '아르도번 3세')는 외침을 평정하고 내부 개혁을 실행하였다. 그러나 건국 초기부터 중앙집권적인 강력한 힘을 갖지 못했던 파르티아는 결국 지방 영주들의 반란으로 멸망하게 된다.

224년 마지막 왕이었던 아르타바누스 5세는 자신의 지방 영주이자 사산 왕조의 설립자인 아르다쉬르(Ardashir)에게 죽임을 당한다. 이러한 비극적인 종말에도 파르티아 왕조는 이란 역사상 가장 장수한 왕조로 거의 500년간 이란을 통치했다. 파르티아인들은 용맹한 전사이자 기마민족이었다.

파르티아의 문화

파르티아 왕조는 중앙집권적 권력을 갖지 않았기 때문에 아케메니드 왕조와 같은 권위와 영향력을 가지지 못했다. 각 지방의 수령들은 독립적인 지위를 누리고 있었으며, 지방 수령을 임명하는 권한도 없었기 때문에 영향력 또한 약했다. 파르티아 시기에 후계자 선정이나 정복전쟁 같은 국가의 중요한 일은 귀족회의에서 결정되었다. 이 회의는 종교 지도자, 왕족, 지방 영주 그리고 군대 사령관들로 구성되었다. 귀족회의 구성원들은 넓은 토지를 소유하였으며 자신들을 지지하는 사람과 많은 노예들을 가지고 있었다. 시간이 지나면서 이들 간의 권력투쟁과 갈등이 심해지면서 나라 전체가 혼란해졌고 결국 왕조가 멸망하는 원인이 되었다.

파르티아 제국 초기부터 귀족 사이에는 그리스의 문화가 유행하였기 때문에 발견되는 귀족들의 유물에서는 파르티아적인 문화를 찾을 수 없다. 그러나 파르티아 초기에는 일반 백성들에게까지 그리스 문화가 침투하지 못했기 때문에 파르티아 초기에 만들어진 서민층이 사용했던 유물에서는 당시 문화를 발견할 수 있다.

종교와 교리

파르티아 제국 초기에는 미트라교(태양신을 숭배하는 고대 이란의 종교)가 이란에서 가장 번성하였다. 미트라교는 이란의 고대 종교로 이전에도 이미 존재하였다. 그러나 파르티아 시대에는 이전의 동물을 제물로 바치는 단순한 종교의례에 여러 가지 절차가 추가되었다. 또 제사를 집행하는 사제 계급이 나타나 여러 종교적 교리들과 태양신을 찬양하는 찬양집을 만들어 가르치기 시작하였다.

그러나 이미 조로아스터교의 제사장들인 마기들이 상당한

지위를 획득하고 있었다. 이들은 불의 제단과 신전의 관리를 책임졌으며 국가 중대사를 결정하는 귀족회의에도 참여하여 영향력을 행사하였다. 이 외에도 물의 여신인 '아나히타'를 섬기는 신전도 있었으며 이란 서쪽에서는 유대교를 믿는 많은 사람들도 존재했다. 또한 아르메니아를 중심으로 기독교를 믿는 무리도 적지 않았고 이란 동부는 불교가 융성하기도 하였다.

이렇게 파르티아 왕조가 제국을 지배하는 동안 여러 종교가 함께 공존하며 융성했던 이유는 당시 왕조의 종교 정책에 기인한다. 파르티아 왕조는 특정한 종교를 지지하지 않았으며 종교에 대해 간섭도 탄압도 하지 않았다. 이런 이유로 다양한 종교가 자신들의 신념에 따라 종교를 전파하였다. 그러나 이런 정책을 가장 반대한 사람들이 바로 모베드라고 불리는 조로아스터교 사제 계층이었다. 아케메니드 페르시아 제국 시절 왕실의 비호를 받으며 성장했던 이 종교는 파르티아 제국도 조로아스터교를 지지하며 국가의 종교로 삼아야 한다고 주장했으며 이들은 후에 파르티아 제국의 멸망을 앞당기는 반국가적 그룹으로 자리 잡는다.

언어와 문자

파르티아 시대에는 다양한 민족들이 이란에 함께 모여 살았다. 파르티아인, 유대인, 그리스인 등 각각의 민족들이 자신들의 언어를 사용하며 살았다. 이 시기에도 자신들의 삶을 동물의 가죽이라든지 돌 혹은 그릇들에 새겼으며 아직까지도 그 유물들이 남아있어 당시의 삶과 사용 문자에 대해서 보여준다. 이 그릇들에는 그리스 문자도 새겨 있고 팔라비 문자도 쓰여 있다. 특히 현재 '아쇼그어버드'라고 불리는 네셔 인근에서 발견된 도자기에는 당시 역사와 문화가 새겨져 있어 파르티아 시대가 좀 더 연구될 것으로 기대되고 있다.

도시와 건축

바빌로니아, 레이, 하메단, 마르브, 발흐, 티스푼 등이 당시 중심지였다. 또 얼마 전에는 시스탄 주의 허제 산 인근에서 당시의 도시가 발견되기도 하였다.

도시 계획 측면에서 보면 셀루키드조의 도시는 장방형으로 건설되었으며 길들이 일자로 뻗어서 마치 체스판 같았다. 그러나 파르티아 시대의 도시는 둥근 원형 모습으로 중앙으로 집중되는 형태를 지녔으며 짚을 넣은 벽돌을 이용하여 몇 겹으로 지어졌다. 당시의 도시는 세 영역으로 나누어졌는데 가장 중심에 그 지방 영주의 성이 지어졌으며 그 주위에 귀족들의 집이 지어졌다. 다음에 맨 외곽에는 농부와 중소 자영업자들의 집이 지어졌다.

모든 도시에는 신전과 시장이 만들어졌으며 가장 유명한 도시는 '하트라'로 현재 이라크에 있다. 이 도시는 당시 로마와 국경 지대에 위치한 전략적 요충지로 방어를 위한 성과 탑 등 여러 건물들이 있었다.

예술

파르티아 제국 초기에는 대부분의 예술이 그리스 헬레니즘 문화의 영향을 받았다. 그러나 시간이 지나면서 이들은 자신들만의 독특한 예술을 발전시켜 간다. 초기의 파르티아 동전을 보면 셀루키드조의 동전처럼 얼굴의 옆면 반쪽만 나오는 스타일로 만들었다. 그러나 시간이 가면서 정면으로 전체 얼굴이 나오는 자신들만의 스타일의 동전을 만든다. 그러나 안타까운 사실은 현재까지 전해지는 파르티아의 유물이 많지 않다는 사실이다.

최근에 발견된 몇몇 파르티아 예술품 중에는 상아에 새겨진 물품이 많이 있는데 이들은 놀랍게도 상아로 무기와 그릇과 물병 등을 만들었다. 또한 상아 위에 아름다운 문양과 그림들을 새겨 넣었다. 이 외에는 시스턴 주의 허제 산에서 발견된 도시에서 당시 시대상을 알 수 있는 그림벽화가 발견되었다.

파르티아 시대의 유물들을 연구하면서 이란과 그리스의 상호 영향이 새삼 부각되고 있다. 이 두 나라가 2,000년 전 단순히 당시 유라시아 지역의 패권을 차지하기 위한 경쟁 관계였던 것이 아니라 예술적 문화적 동반자로 상호 영향을 미치며 살았다는 사실이 입증되고 있다.

Tip. 비단길(실크로드)

비단길은 인류 역사상 가장 유명하고 중요한 길이다. 중국에서 시작된 이 길은 중앙아시아를 지나 이란을 경유하여 지중해에 이른다. 오랫동안 중국, 인도, 이란, 유럽의 물품들이 이 길을 통해 교역되었으며 특히 중국의 진귀한 비단이 주 물품이 되어 비단길이라는 이름이 붙여졌다. 이란은 주로 과일과 옷감을 팔았고 유럽으로부터 유리제품을 수입하였다. 이 길을 통해서 아시아의 꽃과 식물들이 유럽에 알려지게 되었고 유럽의 특산 식물들도 아시아에 소개되었다.

이란은 실크로드의 중간 지점에 있어서 파르티아와 사산조 페르시아를 포함한 많은 왕조들이 실크로드의 덕을 봤다. 유럽은 이란을 통행하면서 내던 많은 세금과 이란의 중계 수수료가 아까워서 오랫동안 다른 길을 찾아봤지만 결국 실패했다.

실크로드를 통한 무역의 주요 수송 및 교통 수단은 낙타였다. 일반적으로 상인들은 열 마리 이상의 낙타에 자신들의 물품을 싣고 걸어서 이동하였다.

이들에게는 추위와 더위 그리고 돌풍 등의 자연적인 재해도 문제였지만 더 위험한 것이 바로 산적들이었다. 스스로 산적들로부터 보호하기 위해 군사를 대동했지만 이보다 더 중요한 것은 실크로드가 위치한 지역의 안정이었다. 사회가 안정되면 산적과 도적의 출몰도 자연스레 줄어들었다.

실크로드 상에는 많은 도시와 마을이 있었다. 이들은 항상 실크로드의 상인들과 거래를 하며 살았다. 이 지역에서는 단순히 무역거래뿐만 아니라 종교, 사상, 예술, 문학의 교류가 자연스럽게 이루어졌으며 실크로드 상인들을 통해 지역 지역으로 퍼져 나갔다. 수백 년 동안 실크로드 상의 상인과 여행객들은 각 지역으로 흩어져서 고향으로 돌아오지 않고 정착하여 살았다. 이러한 여러 요인들로 인해 문화의 전파는 급속도로 이루어졌으며 여러 도시 문화를 다양하게 만들었다.

비록 유럽인들의 지리상의 발견으로 해상길이 번성하여 실크로드의 사용 빈도가 줄기는 하였지만 파르티아와 사산조 시대 이후에도 수 세기 동안 실크로드는 이란에 큰 이익을 가져다주었다.

현재 학계에서는 다시 실크로드에 대한 연구가 활발해지면서 이 지역에 존재했던 역사 속 나라들을 복원하고 다시 실크로드를 복원하자는 움직임 또한 일어나고 있다.

Tip. 성경 역사 vs. 이란 역사

인류 역사상 최고의 베스트셀러라는 성경의 역사 속에도 이란의 아케메니드 페르시아와 파르티아의 역사가 고스란히 들어있다. 구약성경 이사야서 제45장에 하나님으로부터 축복을 받은 왕으로 천하를 호령하는 고레스 왕(키루스 2세)과, 에스더의 남편인 아하수에로 왕(크세르크세스 1세), 느헤미야의 예루살렘 성벽 재건을 물심양면으로 도와 준 아닥사스다 왕(아르타크세르크세스 1세) 모두가 아케메니드 페르시아의 왕이다. 당시 페르시아의 수도도 구약성경에 언급된다. 에스라서에 나오는 악메다궁(악바타나, 현재 하메단)은 페르시아의 여름에 별장 역할을 하던 여름 궁이었으며, 수산궁(수사, 현재 슈쉬)도 겨울 궁으로 현재 그 역사적 자취를 확인할 수 있다.

이사야서, 다니엘서, 에스더서, 느헤미야서, 에스라서 등에 나오는 신新바빌로니아에 의해 포로로 잡혀온 유대인들이 예루살렘으로 귀환하는 이야기도 실제 이란 역사에서 확인할 수 있다. 당시 페르시아의 왕들의 제국을 다스리는 정책이 각 민족의 신들과 문화를 존중하는 것이었다. 고레스 2세(키루스 2세)는 그의 정책대로 바빌로니아 제국으로 끌려와 이란에 살고 있던 많은 유대인들을 돌려보내 주었다. 그는 칙령을 발표하여(에스라 제1장) 유대인들의 귀환을 돕도록 하였으며 원치 않는 사람들은 돌아가지 않고 이란에 남아 살 수 있도록 하였다. 남은 자들은 2,500년이 지난 지금까지도 이란의 많은 지역에 흩어져 살고 있다. 성경에 근거한 이야기 외에도 실제 이란에는 에스더와 모르드개의 무덤, 다니엘과 선지자 하박국의 무덤 등 역사적 유물들이 남아있어 이란과 유대인과의 오랜 역사적 관계를 증명하고 있다.

구약성경 외에 신약성경에도 이란인들이 등장하는데 바로 예수가 탄생하는 장면이다. 성경에 동방박사라고 언급된 사람들이 바로 페르시아에서 온 이란 사람들이다. 이들은 당시 조로아스터교의 사제인 마기들이다. 점성술에 능했던 이들은 성경에 나온 것처럼 별을 보고 왕의 탄생을 알았고 그 별을 쫓아 이란에서 베들레헴까지 온다. 페르시아의 최고 지식인이자 부와 권력을 가지고 있었던 이들은 값비싼 물품을 아기 예수께 선물한다. 이들은 다시 이란으로 돌아가서 후에 예수를 믿고 조로아스타교 제단 위에 교회를 짓고 예수를 전했다고 전해지고 있다. 그들 중에 한 명이 묻혀 있는 우르미예라는 도시에 동방박사 기념 교회가 세워져 있다. 이것 외에도 예수의 12제자 중 한 명인 다대오가 복음을 전하다가 순교한 곳에 세워진 다대오 순교 기념 교회도 마쿠라는 도시 인근에 세워져 있다.

이란 교회사에 전해지기를 예수의 탄생을 경배하고 왔던 마기들이 20여 년이 지난 후에 제자들을 예루살렘으로 보내 예수가 어떻게 성장했는지 확인하도록 했다. 예루살렘에 도착했을 때 예수가 부활하고 승천한 다음 오순절이어서 그곳에서 성령 강림을 체험하고(신약성경 사도행전 제2장) 이란으로 돌아와 교회를 짓고 복음을 전했다고 전해진다.

고대 페르시아의 마지막 제국, 사산조 페르시아

사산조 페르시아(The Sasanians, AD 226~AD 651)는 고대 페르시아의 마지막 왕조로 아케메니드 페르시아를 계승한다는 대의를 내세워 나라 이름도 페르시아를 넣어서 개국하였다. 이들은 아케메니드조의 문화와 문명을 계승하여 다양한 모습으로 발전시켰다.

사산 왕조의 형성

사산조 페르시아는 시조인 아르다쉬르 바바칸(Ardashir Babakan)의 노력과 수고에 의해서 이루어졌다. 그는 주변의 많은 지방 영주들을 굴복시켜 건국의 기틀을 마련하고 파르티아 제국을 멸망시켜 나라를 세운다. 나라의 이름이 된 사산은 그의 할아버지로 에스타크르(Estakhr) 시의 아나히타 여신의 신당 사제이자 지방 영주였다. 사산은 자신의 아들인 바박(Babak)을 파르스 지방 영주의 딸과 결혼시키면서 가문의 영향력을 확대하였다.

사산의 손자였던 아르다쉬르는 파르스 지방에서 자신의 세력을 공고히 한 후에 본격적인 세력 확장을 시작하였다. 그는 자신의 영토를 동쪽으로는 케르만, 북쪽으로는 에스파한, 남쪽으로는 페르시아 만, 서쪽으로는 후제스탄 지역까지 확장하였다. 그는 구르(현재의 피루즈어버드 인근 지역) 지역에 강력한 성(샤흐레 구르: 현재 피루즈어버드에 존재)을 세우고 파르티아의 마지막 왕인 아르타바누스 5세를 제압하고 결국 왕위에 오른다.

그는 왕위에 오르면서 사산조 페르시아가 아케메니드 페르시아의 계승국임을 밝히고 아케메니드조의 전통과 가치를 복원시키는 일에 심혈을 기울인다. 그중 가장 집중한 일이 바로 아케메니드 페르시아가 가졌던 세계 제국의 위엄을 회복하는 것이었다. 이 일을 위해서 그는 이란 동부로 군대를 일으켜 시스탄, 고르간, 박트리아(Bactria: 현재 아프가니스탄)와 초라스미아(Chorasmia: 현재 우즈베키스탄)을 점령한다. 이란 서부로 눈을 돌린 그는 소아시아를 포함해서 당시 로마령으로 있는 지역들이 과거 아케메니드 페르시아 영토임을 선언하고 전쟁을 선언한다.

아르다쉬르의 선언을 전해들은 로마는 이 지역이 페르시아의 것이 아니라 알렉산더 대왕이 남긴 유산임을 주장하며 한 치의 양보도 하지 않고 갈등의 불씨를 키운다. 이란과 로마의 끝없는 전쟁은 파르티아 제국 시대부터 시작된 것으로 사산조 시대에도 지속되었다. 역사적으로는 이미 아케메니드 페르시아와 그리스의 전쟁에서부터 시작된 것이다.

아르다쉬르 통치 시 로마의 황제였던 셉티미우스 세베리우스(Septimius Severius)가 이란을 선제공격하여 전쟁 초기에 성공을 거두었다. 그러나 로마 내부의 불만 세력들이 황제를 압박하였고 이란 외의 다른 지역에서 발생한 전쟁으로 인해 로마의 이란 공격은 지속되지 못했다. 이 틈을 이용하여 아르다쉬르는 당시 로마령이었던 메소포타미아 지역의 전략적 요충지 하트라(Hatra), 카르하에(Carrhae), 니시비스(Nisibis) 등을 정복하여 사산조 도시를 세운다.

아르다쉬르는 통치 기간 동안 가장 위협적인 적들을 차례로 제거하여 말년에는 강력한 중앙집권적 전제왕권을 세우는 데 성공하였다. 파르티아 왕조는 지방 영주들에게 자유로운 통치와 권한을 부여하여 지방 분권적 통치 체제를 세웠다. 종교적 자유도 허용하여 다양한 종교들이 이란 내에서 발전했다. 그러나 이와는 대조적으로 사산조 페르시아는 강력한 중앙집권적 정치 시스템과 엄격한 통치 철학, 조로아스터교를 국교로 하는 종교 단일 정책으로 파르티아와는 상반된 정책들을 시행해 나갔다.

사산조 페르시아의 사회는 세 계층으로 구분되었다. 고위층에는 귀족과 장군들을 포함한 통치 계급, 중간층에는 종교지도자들과 학자들 그리고 하위층에는 농민, 장인 등 평민 계층이 위치해 있었다. 이 사회 계급은 인도의 카스트 제도처럼 엄격하지 않았지만 그렇다고 계급 이동이 쉬웠던 것은 아니다. 특히 하위 계층에서 상위 계층으로 상승한다는 것은 매우 힘들었다. 이 중에서 조로아스터교의 사제들은 상당한 영향력을 행사했는데 특히 사제들 중에 가장 우두머리를 모베드-모베단(Mobed-Mobedan)이라고 불렀는데 이 뜻은 사제 중에 사제(아케메니드 페르시아 왕을 불렀던 왕중왕에서 따왔다)이다. 최고 사제는 특히 사산조 말기로 갈수록 더 강력한 권력을 누렸는데 그는 종교적 법률 해석을 내리는 것뿐만 아니라 왕위를 결정하는 것과 같은 국사의 중요한 일에 결정적인 영향력을 발휘했다. 군사적인 면에서는 중앙집권국가를 표방한 사산조는 파르티아조에 비해서 더욱 강력한 군대를 육성하였다.

아르다쉬르는 자신의 수도로 크테시폰(Ctesiphon)을 정했다. 당시 크테시폰은 경제적 전략적으로 매우 중요한 위치에 있었다. 사방 모든 교역로가 크테시폰을 지나갔으며 바빌로니아의 모든 농산물과 교역품이 모이는 곳이었다. 그러나 메소포타미아 문명의 중심에 위치해 있는 크테시폰은 사방 적들에게 쉽게 노출되어 있었다. 후에 사산조의 왕들은 수도에서 멀리 떨어져 있는 곳에 또 다른 궁을 지어서 그곳에서 지내기도 했다. 그러나 경제적, 전략적인 측면에서 크테시폰은 최고의 도시였다.

로마 황제를 굴복시킨 위대한 왕 - 샤푸르 1세

아르다쉬르는 건강이 악화될 무렵에 자신의 왕위를 아들인 샤푸르 1세(Shapur I, 재위 AD 241~AD 272)에게 물려주었다. 샤푸르 1세는 나라의 모든 통치권을 위임받아 다스렸지만 아버지인 아르다쉬르가 죽을 때까지 대관식을 미루었다. 그는 로마와의 전쟁에 가장 큰 초점을 맞추고 사산조의 팽창정책을 지속해 나갔다. 샤푸르 1세의 로마에 대한 첫 번째 승리는 로마 황제 고르디안 3세(Gordian III)에게 거두었다. 이 승리를 기념하여 만든 사산조 시대의 부조에는 고르디안 3세가 늘 샤푸르 1세의 말 아래에 굴복하고 있다. 그는 로마의 다음 황제인 필립(Phillip)의 묵인 아래 시행된 반란에서 죽임을 당한 것으로 알려지고 있다. 필립 황제는 권력을 잡고 나서 바로 사산조와의 전쟁을 종식시키는 평화조약을 체결한다.

낙쉐로스탐(Naqsh-e Rostam)에 있는 샤푸르 1세가 만든 비문에 따르면 필립 황제는 이란에 전쟁 배상금으로 50만 황금 동전을 지불했고 더 이상 아르메니아를 지원하지 않기로 약속하였다고 한다. 당시 아르메니아는 사산조에 패망한 파르티아 왕조를 보호하고 사산조에 대항하여 부흥 운동을 일으키도록 지원해 주었다.

256년 아르메니아의 왕자 티리다테스(Tiridates)가 로마로 도망치면서 평화조약은 종식되고 다시 로마와 페르시아의 전쟁이 시작되었다. 사산조는 시리아와 아나톨리아 반도에서 계속 승리를 거두었고 안티오크(Antioch)까지 점령했다. 로마가 아라랏 산 인근에서 소규모 전투에서 승리를 할 동안 아르메니아 지역을 정복하였다.

에뎃사(Edessa) 전투에서 샤푸르는 전에 없던 대승을 거두고 로마 황제인 발레리안(Valerian)을 포로로 잡는 성과를 거둔다. 전에 없던 이 큰 승리를 기념하여 낙쉐로스탐에 다음과 같이 기록하였다.

> "발레리안은 29개의 유럽의 부족(비문에는 29개의 부족의 이름이 모두 기록되어 있다)으로 구성된 군대와 함께 전투에 임했다. 알레하(Alreha)와 에뎃사에서 큰 전투가 벌어졌다. 우리는 완벽한 승리를 거두고 발레리안을 포로로 잡았다. 우리는 그의 수많은 장군들, 원로원 의원들, 고위 장교들을 전쟁포로로 잡아서 페르시아 영토 각지로 유배를 보냈다."

발레리안을 포로로 잡은 뒤에 사람들 사이에서는 샤푸르 1세가 말에 오를 때 발레리안을 디딤돌로 사용한다는 소문이 돌기도 하였으며 또 그의 피부를 벗겨서 페르시아 신전을 짓는 데 짚과 함께 사용하는 재료로 만들었다는 괴소문이 떠돌기도 하였다. 아무튼 이 전쟁의 패배는 로마 군인들에게는 씻을 수 없는 치욕거리가 되었다.

그러나 학자들이 밝혀낸 사실은 포로로 잡힌 후에 발레리

발레리안을 사로잡은 샤푸르 1세

안 황제는 비샤푸르(Bishapur) 지역에 그를 위해 특별히 만든 외진 궁에서 평생을 지냈다고 한다. 샤푸르 1세는 이 사건을 십분 활용하여 파르스 지역에 자신이 만든 모든 비문과 부조(낙쉐로스탐, 비샤푸르의 초간고르게, 다랍)에 자신의 승리와 발레리안의 치욕을 새겨 놓았다.

그는 로마의 동부에 주둔하면서 영구적으로 이 지역을 다스릴 계획은 없었다. 그는 전리품으로 값진 보화와 사람들을 잡아왔다. 안티오크에서 끌려온 사람들은 후제스탄 지역에 웨-안티오크-샤푸르(Weh-Antioch-Shapur: 안티오크 보다 더 멋진 샤푸르의 도시)를 만들었다. 후에 이 도시는 학문의 중심지인 곤데-샤푸르(Gonde-shapur)가 된다. 이외에도 슈쉬타르(Shushtar) 지역에 카이사르의 댐(Dam of Caesar)을 만들었다.

샤푸르 1세의 최전성기 영토는 동쪽으로는 파키스탄 펀잡 지역이고, 서쪽으로는 아나톨리아 반도의 갑바도기아 동쪽 국경선, 북쪽으로는 고르간과 이베리아(현재 그루지아) 반도 그리고 남쪽으로는 아라비아의 마준 지역까지 이르렀다. 샤푸르는 그의 아버지인 아르다쉬르가 사용했던 이란의 왕중왕(King of Kings of Iran)에 만족하지 못했다. 그는 모든 지역의 왕중왕(King of Kings of Iran and Non-Iran)이라는 표현을 했으며 이것을 후대 왕들도 그대로 사용하게 되었다.

샤푸르 1세 때 이란에 마니교라는 새로운 종교가 등장한다. 마니라는 사람이 만든 이 종교에 샤푸르 왕 자신도 많은 관심을 가졌으나 사산조의 나라와 종교는 하나라는 믿음을 고수하여 의무적으로 조로아스터교를 지지하였다.

사산조의 중간기 - 샤푸르 2세 이전까지 왕들

샤푸르 1세가 죽고 나서 아르메니아 지역을 다스렸던 그의 아들 호르모즈 1세(Hormoz I)가 왕위를 계승하였다. 그러나 그는 1년도 채 못 되어 죽고 길란을 다스리던 그의 동생 바흐람 1세(Bahram I)가 왕위를 잇는다. 사산조의 중앙집권적 정치 시스템을 뒷받침하는 기둥 중에 하나가 왕의 정통성에 대한 엄격함이다. 즉, 왕가의 피를 갖지 않은 찬탈자가 왕위를 이을 경우는 거의 없었다. 물론 후에 나올 바흐람 추빈(Bahram Chubin) 같은 경우가 발생하기도 했지만 이것은 매우 드물었다. 그러나 장자 세습 통치 체제를 취했던 사산조에서 바흐람 1세와 같이 적통 즉, 장자가 아닌 다른 형제가 잇는 경우도 종종 발생하였다. 바흐람 1세의 통치는 3년 정도 되었는데 이 시기는 아케메니드 시대의 종교에 대한 관용 정책, 파르티아 시대의 종교에 대한 무관심을 지나 비로소 국교로 조로아스터교가 든든하게 세워지는 시점이다. 더불어 국교 외에 타 종교에 대한 박해가 시작되는 시점이기도 하다. 카르티르(Kartir)라는 조로아스터교 대사제가 강력한 권력을 갖고 영향력을 행사하기 시작하였다. 이 시대적 불운이 마니의 죽음을 불러왔다. 대사제 카르티르의 문서에 의하면 당시 조로아스터교가 국교로 위용을 뽐내고 있었지만 메소포타미아 지역(크테시폰-바그다드 인근), 아디아베네(이라크의 아르빌) 지역 그리고 후제스탄 지역이 기독교 공동체의 중심지로 견고하게 뿌리내리고 있었다고 전해지고 있다.

바흐람 1세는 자신의 후계자로 오랫동안 왕위를 노렸던 동생 나르세스(Narses)가 아닌 자신의 아들인 바흐람 2세를 지명했다. 이 왕위 계승 이면에는 자신의 이익을 노린 카르티르 대사제의 음모가 숨겨져 있다. 당시 소수 종교의 자유를 주장했던 나르세스에 비해 조로아스터교만 추종했던 바흐람 2세가 조로아스터교와 카르티르 대사제의 입장에서는 훨씬 좋은 왕이었기 때문이다. 바흐람 2세가 왕위에 오르면서 기독교는 큰 핍박을 받게 된다. 이 핍박의 중심에는 조로아스터교 사제들이 있었다. 그들은 조로아스터교가 새롭게 부흥하는데 가장 큰 위협 세력을 기독교로 인식하고 이들에 대한 핍박을 강도 높게 진행해 나간다. 이 시기에 순교한 자 중에는 바흐람 2세의 후처인 칸디다(Candida)가 포함되어 있었지만 이때까지만 해도 순교가 극히 일부에서만 일어났다. 바흐람 2세 통치 시 그의 동생이 이란 동부의 많은 주들의 지지를 등에 업고 반란을 일으킨다. 각고의 노력 끝에 반란은 진압하지만 곧 로마의 침입을 받고 메소포타미아의 대부분의 지역을 양도하는 강제 평화조약을 체결한다.

바흐람 2세가 죽고 나서 바흐람 3세가 왕위를 잇지만 몇 달 지나지 않아서 샤푸르 1세의 막내아들인 나르세스에게 해임된다. 오랫동안 왕위를 노렸던 나르세스는 왕위에 오르고 나서 바로 바흐람 2세가 로마에게 빼앗겼던 아르메니아와 메소포타미아 지역을 회복하기로 결심한다. 그러나 전쟁에서 패하고 40년간 지속된 강제 평화조약을 체결하게 된다. 이 기간 동안 아르메니아는 로마의 속국으로 전락하고 메소포타미아 지역의 사산 군대는 퇴각한다. 이 시기 사산조의 국내 문제에 대해서는 잘 알려지지 않고 있지만 바흐람 2세 때 시작된 종교적 박해는 사라지고 다시 종교 관용 정책이 취해진다. 나르세스 왕의 말년에 오랫동안 조로아스터교가 지배했던 아르메니아가 기독교를 국교로 선포한다(AD 301).

나르세스는 왕위를 그의 아들 호르모즈 2세에게 물려준다. 그는 8년 간 나라를 다스렸으며 정의롭고 인기 많은 왕으로 알려질 뿐 그 외에 자세히 알려진 사실이 없다. 호르모즈 2세 사후 그의 아들인 아자르-나르세르가 왕위를 잇지만 그의 난폭한 성격으로 인해 귀족들이 그를 폐하고 호르모즈 2세의 어린 아들인 샤푸르 2세를 왕으로 세운다.

역사상 가장 긴 통치자 샤푸르 2세

샤푸르 2세는 이란 역사상 가장 긴 통치를 한 왕으로 70년 간(AD 307~AD 379) 왕위에 유지했다. 그는 어린 시절에 귀족들의 섭정 통치를 받았으나 왕권을 완전히 차지하고 나서는 강력한 통치력을 발휘했다. 그는 코카서스 지방으로 쳐들어오는 유목민들과 메소포타미아의 로마 위협에 맞서서 강력한 요새를 만들었다. 그리고 로마와 연합하여 사산조에 위협이 되는 아랍민족을 이라크 지역에 정주시켰다. 로마와 동쪽의 헤프탈인(Hephthalite: 세계사에는 Huns, 훈족으로 표현되고 동양사에는 흉노족으로 표현되는 동양계 유목민)의 위협을 제거하기 위해 군대를 새롭게 재편하였다. 샤푸르 2세는 364년 아르메니아와 메소포타미아 지역을 양도받는 평화조약을 로마 황제 조비안(Jovian)과 맺었다. 이 평화조약으로 인해 로마는 자존심에 상당한 상처를 받았다.

샤푸르 2세의 통치 기간인 4세기 초 로마 황제인 콘스탄티누스가 기독교를 로마의 공식 종교로 공인하고 자신을 전 세계 기독교 공동체(물론 이란의 기독교 공동체도 포함된다)의 영적 수장으로 선언한다. 이로 인해 이란의 기독교인들은 물질적이고 현실적인 세계에서는 이란의 왕을 섬기지만 정신적 영적 세계에서는 로마의 왕을 섬기는 두 왕을 섬기는 이상한 형태가 되었다(물론 후에 페르시아의 교회는 로마의 교회로부터 독립을 선언한다).

당시 로마의 확장 정책으로 인해 위협을 받던 사산조의 통치자들을 기독교인들을 잠재적인 적으로 생각하였다. 이들이 얼마든지 로마와 내통할 수 있다고 생각하고 매우 잔인한 박해를 시작한다. 당시 기독교가 가장 융성했던 크테시폰, 아디아베네(이라크의 아르빌) 지역, 후제스탄 지역이 박해로 가장 큰 피해를 입었다. 뿐만 아니라 그 이전에 기독교를 국교화 했던 아르메니아의 경우 상황은 더 심각했다.

로마의 기독교 국교화에 대한 또 다른 반발로 사산조 제국 내에 조로아스터교의 위상을 더욱 공고히 하고 완벽한 정교일치를 위해 더욱 노력하였다. 이란과 로마-비잔틴의 경쟁은 정치적인 면뿐만 아니라 종교적인 면에서도 치열하였다.

사산조의 후반기 - 호스로우 1세 이전까지

샤푸르 2세를 이은 아르다쉬르 2세는 난폭한 성격으로 강압적인 통치를 하였다. 즉위 4년 만에 귀족들에 의해 폐위되고 샤푸르 2세의 작은 아들 샤푸르 3세가 왕위에 오른다. 샤푸르 3세의 통치기에는 많은 외침이 있었다. 아르메니아가 또 원인이 되어 로마와의 전쟁을 치렀고 설상가상으로 유목민 부족인 헤프탈인의 침략도 계속 되었다. 이들의 충격은 이란과 당시 로마령이었던 시리아와 갑바도기아까지 미쳤다. 샤푸르 3세는 의문의 죽임을 당하고 그의 아들 바흐람 4세가 왕위를 잇는다. 바흐람 4세에 대한 기록은 전무하며 그의 아들인 야즈드게르드 1세에게 왕위가 이어진다.

야즈드게르드 1세는 조로아스터교도들과 기독교인들에게 상반된 평가를 받는 왕이다. 기독교인들에게는 자비롭고 관대한 왕인 반면, 조로아스터교인들에게는 '죄인 야즈드게르드'라고 불린다. 그 이유는 기독교에 대한 관용적인 정책에 비해 상대적으로 조로아스터교 사제들에게 호감을 갖지 않았기 때문이다. 그는 기독교의 공적인 예배와 교회 건축을 인정했다. 410년에는 그의 후원 아래 셀레우시아에서 공의회가 개최되었다. 크테시폰의 주교였던 마르 아이작(Mar Issac)의 주관으로 진행된 공의회에서는 페르시아 지방 공동체의 규율을 정하고 이란의 성직회를 조직하였다. 초대 동방 총주교로 마르 아이작이 임명되었다. 그는 비잔틴의 황제가 대사로 보낸 마루사(Marutha) 주교와 친분을 맺고 그의 충고를 받아들여 소수민족들의 종교에 대해서 관용적인 정책을 취했다.

야즈드게르드 1세의 부인 중에 유대인이 있었던 것으로 알려지고 있으며 그런 이유로 유대인의 위치도 상당히 개선되었다. 그러나 야즈드게르드 1세 통치 말기에 기독교에 대한 핍박이 다시 일어났다. 그것은 지역 주교였던 압다스(Abdas)의 선동으로 기독교인들이 수사(Susa)의 조로아스터교 불의 제단을 훼파한 사건으로 인해 시작되었다. 결국 압다스 주교는 사형을 당했으며 많은 기독교인들이 죽임을 당했고 수많은 교회들이 파괴되었다.

야즈드게르드 1세가 죽고 나서 그의 아들들이 왕이 되는 것을 친親조로아스터교 계통의 귀족 계층이 결사적으로 반대하였다. 그러나 아들 중 하나였던 바흐람 5세가 왕위를 차지한다. 그는 왕권을 상징하는 조로아스터교의 신성한 영인 파르(Farr)를 가지고 있다고 귀족들을 설득했다. 그는 당나귀를 사냥하는 특별한 기술을 가지고 있어서 구르(야생 당나귀)라는 별명으로도 불렸다. 그는 사산조의 문화와 왕권을 발전시킨 왕으로 불린다. 그의 통치기에 사산조의 위대한 문학들이 많이 탄생되었고 훌륭한 음악이 작곡되었을 뿐만 아니라 지금도 왕의 운동이라고 일컬어지는 폴로(Polo, 이란어로 '초건')가 유행하였다. 그가 즉위한 후 조로아스터교 사제들의 선동으로 기독교에 대한 핍박이 다시 시작되었다. 이 핍박을 피해 많은 기독교인들이 로마로 도망갔고 이 일로 인해 사산조는 로마를 공격한다. 그러나 결과는 사산조의 패배로 평화조약을 맺게 된다. 이 평화조약 협정문에 비잔틴 황제인 테오도시우스 2세는 이란 내의 기독교 예배의 자유를 넣었고 전쟁이 끝난 직후 이란의 교회들은 자체적으로 예배할 수 있는 권한을 갖게 되었다. 이 일이 있은 후에 이란인들은 핍박에서 벗어나 비교적 평화를 찾을 수 있었다. 사산조의 기독교인들은 종교회의에서 페르시아 교회의 자치권을 요구한다. 이 기간 동안 시리아어로 쓰인 많은 기독교 저작물들이 만들어졌다. 그러나 곧 다시 조로아스터교도들의 기독교에 대한 분노가 터져 나와 많은 사람들이 순교하게 된다.

바흐람 5세 말년에는 동쪽의 헤프탈인의 계속적인 침입으로 사산조의 세력이 나날이 약해져 간다. 바흐람 5세는 말년에 명재상 메흐르-나르세스(Mehr-Narses)의 도움을 받아 국내정치를 안정시킨다. 그는 바흐람 5세의 후계자인 야즈드게르드 2세 때에도 재상으로 계속 봉직한다.

야즈드게르드 2세는 왕위에 오르자 비잔틴과 전쟁을 시작하지만 곧 포기하고 다시 평화조약을 맺는다. 그는 그 후 동쪽 국경지역으로 자리를 옮겨 니샤푸르(Nishapur)에 새로운 수도를 건설하고 동쪽의 적들과 전쟁을 벌인다. 동부 전선을 안정화시킨 후 메흐르-나르세스의 충고를 따라 아르메니아를 공격한다. 때마침 아르메니아에 내전이 일어나 손쉽게 점령하고 다시 조로아스터교로 개종시키려 아르메니아를 피로 물들이지만 극심한 저항에 부딪혀 결국 개종 시도는 포기한다.

야즈드게르드 2세가 죽고 나서 왕위 계승을 위한 형제 간의 갈등이 불거진다. 처음에는 호르모즈 3세가 승리하여 왕위에 오르지만 곧 동생 피루즈가 왕위를 빼앗는다. 그의 24년간 통치는 극심한 가뭄과 헤프탈인의 침략으로 얼룩졌다. 피루즈 왕은 헤프탈인과의 전쟁에서 바흐람 2세처럼 포로로 사로잡혀 굴욕적인 평화조약을 체결한다. 또한 거액의 몸값을 모두 지급할 때까지 당시 왕자였던 고바드(Qobad)가 볼모로 잡혀있게 된다. 한동안 사산조는 헤프탈족에게 조공을 바치는 신세가 된다. 계속된 전쟁으로 결국 피루즈 왕도 전사하고 많은 사산조의 군인들이 죽게 된다. 피루즈 왕의 말년에 사산조의 가장 큰 기독교 세력으로 네스토리우스파가 등장한다.

귀족들에 의해 피루즈를 이어 동생 발라쉬(Balash)가 추대되지만 그는 귀족들의 허수아비 왕이었다. 곧 피루즈의 아들인 고바드 1세(Qobad I)가 왕위를 찾는다. 그는 어려서 볼모로 헤프탈족에게 잡혀있으면서 그곳에서 유용한 병법을 배우고 군대 경험을 하면서 후에 이 경험을 효과적으로 사용한다. 그는 비잔틴과의 전쟁에서 아미다(Amida: 현재 터키의 남동부)를 정복하였으나 동쪽 국경의 불안정으로 인해 평화조약을 체결하고 회군한다.

고바드 1세는 왕위를 계승할 때부터 이미 여러 문제를 안고 있어 치세 기간 동안 이 문제들의 해결을 위해 노력하였지만 그다지 큰 성공을 거두지는 못했다. 당시 이란은 내외적으로 여러 문제를 가지고 있었다. 동쪽과 서쪽에서는 끊임없는 외침이 있었고, 내부적으로도 귀족들의 세력이 커지면서 여러 국내 정책에 간섭을 하여 사회를 더욱 혼란스럽게 만들었다. 무거운 세금과 백성에 대한 폭정은 민심까지 이반하는 계기를 만들었다. 여기에 기근이 겹치면서 고바드 1세는 사면초가에 놓였다. 이 시기에 사산조 시대에 융성했던 마즈닥교의 교주인 마즈닥이 등장하였다. 그는 귀족 출신으로 당시 사산조의 문제에 대한 새로운 해결책을 제시하며 사람들의 관심을 받았다. 예를 들면 기근과 폭정에 시달리던 백성을 위해 식량배급제를 제안했고 군 사령관과 지주들의 권력을 줄일 것을 주장하였다. 고바드 1세는 마즈닥을 가까이하며 귀족들의 세력을 약화시키기 위한 정치적 도구로 사용하였다. 그는 마즈닥의 조언을 들으며 귀족들의 특권을 없애는 여러 정책들을 수행하였다. 결국 기득권층이었던 많은 귀족들이 마즈닥과 그의 추종자들이 자신들에게 적대적인 세력이라는 것을 깨닫고 그가 조로아스터교를 훼손하는 이단이라고 음해하기 시작했다. 이들은 결국 고바드 1세를 폐위시키고 마즈닥을 옥에 가두었다. 그러나 얼마 후에 고바드 1세는 헤프탈족의 도움을 받아 다시 왕권을 회복하였다. 왕권을 되찾았지만 결국 고바드 1세는 왕권을 유지하기 위해 귀족들의 지지가 필요했고 이를 위해 마즈닥과 그의 추종자들을 멀리 했다. 곧 그는 마즈닥을 사형에 처하였다. 호스로우 1세(Khosrow I: 불멸의 영혼의 소유자라는 뜻의 '아누쉬라반'이라는 별명을 가졌음, 재위 AD 531~AD 539) 때에 와서도 귀족의 지지를 받으려는 정책은 지속되었다.

호스로우 1세

사산 왕 중에 가장 뛰어난 왕 중 하나로 꼽히는 호스로우 1세는 가장 정의로운 왕으로도 불린다. 집권 초기에 그는 형제들의 반란과 귀족들의 불만을 잠재우고 내부 안정에 힘을 쏟았다. 그는 비잔틴과 평화조약을 체결하여 전쟁을 없애고 조세 제도를 개혁하여 민심을 안정시켰다. 그동안 토지세로 각 토지에서 산출되는 물품으로 바쳤던 것을 일괄적으로 현금으로 납부하도록 하였다. 인두세는 성직자, 전사, 궁정 대신들은 예외이며 일반 평민 중에서도 20세에서 50세 사이의 사람에게만 징수하였다. 사산조 시대의 최대 세금 징수 지역은 가장 비옥한 토지인 이라크 남부의 메소포타미아 평야였다. 이 지역은 아케메니드 페르시아 시대에도 가장 비옥하고 풍부하여 세금을 가장 많이 납부하던 곳이었다. 이슬람 제국을 건설했던 압바시아 왕조도 호스로우 1세의 조세 제도를 본떠 활용하였다.

호스로우 1세의 또 다른 치적은 군대의 개혁이다. 과거에는 모든 귀족들이 고하를 막론하고 의무적으로 자신의 군 장비를 구비하고 보수 없이 복무했다. 그러나 호스로우는 부유하지 않은 하급 귀족들에게는 군 장비를 지원하고 월급을 주었다. 그들에게 부담을 덜어줘 중앙 정부를 의지하고 그 영향력 아래 들어오도록 하였다. 동시에 세력이 강한 귀족들의 사병을 줄여 힘을 약화시켰다. 이 시기에 중앙 정부에 속한 지방 기사들이 많이 생겨났으며 이들은 이란 사회를 지탱하는 중추적 역할을 감당하게 된다.

그는 또한 사산조를 4개의 지역으로 분할하여 지방관을 보냈다. 그 중에 특히 동부의 호라산과 서부의 이라크는 중앙아시아에서 침입하는 유목민들과 로마라는 적과 마주하고 있는 전략적으로 중요한 지역이었다. 내부가 안정되자 호스로우 1세도 국외로 눈을 돌려 영토 확장을 위한 정복전쟁에 착수한다. 그는 로마와의 끝나지 않는 전쟁을 지속하고 사방으로 군사를 보내 세력 확장에 열을 올린다. 로마와는 561년 50년 평화조약이 체결될 때까지 지루한 전쟁을 지속한다. 그는 흑해까지 세력을 미쳤으며 동부의 헤프탈인들을 무찔렀다. 남부 아라비아 반도까지 공격해 들어간다. 이 시기에 아라비아 반도에서는 이슬람의 창시자 무함마드가 등장한다. 10여 년간의 로마와의 평화는 수백 년간 양국 간의 갈등의 원인이었던 아르메니아 문제로 572년 종식된다. 다시 시작된 전쟁에서 초기 우세를 지키지 못하고 비잔틴 군대에게 사산조의 많은 영토를 빼앗긴다. 그러나 결국 아르메니아는 사산조의 손에 들어오고 양국이 평화조약을 체결하기 직전 호스로우는 48년간의 통치를 끝으로 죽게 된다.

호스로우는 비록 정통 조로아스터교도였고 비잔틴과 전쟁하는 기간 동안 기독교 공동체를 핍박하기도 하였지만 전반적으로 종교적 자유를 주어서 많은 사람들이 어려움 없이 자신의 종교를 유지할 수 있었다.

그는 정의로운 왕으로 유명한데 이에 관한 한 일화가 있다. 그가 있는 궁 밖의 문에는 억울한 일을 당한 자들을 위한 줄이 설치되어 있어서 그 줄을 당기면 왕과 직접 대면하여 자신의 문제를 하소연할 수 있도록 하였다고 한다.

철학과 인문 사상에 대해 깨어 있었던 호스로우 1세는 고대 그리스 철학과 문화의 본산지인 아테네에서 유스티니아누스 비잔틴 황제가 모든 학교를 폐쇄시켰을 때 많은 신플라톤주의 철학자들을 받아들여 극진히 대접해 주었다. 이들은 호스로우를 이상적 군주로 칭송하였다. 호스로우는 그리스 철학자들이 고향을 그리워할 때에는 양국 간의 평화조약의 일환으로 유스티니아누스 황제의 허락을 얻어서 고향으로 돌려보내 주기도 하였다. 그는 자신의 왕궁에 그리스의 철학자와 사상가뿐만 아니라 과학자들도 받아들여 학문을 정진하도록 지원해 주고 곤데-샤푸르에는 대학을 세우기도 하였다. 이 대학은 이슬람 시대에까지 남아서 학문을 발전시켰다.

호스로우는 또한 자신의 수도인 크테시폰에 많은 건축물들을 남겼을 뿐만 아니라 새로운 도시들을 건설하였다. 그중에 수도 인근에 웨-안티오크-호스로우(Weh-Antiock-Khosrow: 호스로우가 만든 안디옥보다 뛰어난 도시)라는 도시를 만들었다. 그는 또한 대상인들이 묵을 수 있는 큰 여관과 다리 길을 만들었으며 막대한 자금을 들여 관개 시스템을 개선, 농업 수확량을 획기적으로 증대시켰다.

그의 지원으로 그리스와 인도 등지에서 많은 책들이 들어왔으며 이것들을 팔라비어로 번역하여 페르시아 문학 발전에 이바지했다. 이 방법은 후에 이슬람 제국에서도 사용하여 이라크에 큰 도서관을 세우고 유럽과 인도의 많은 책들을 모아 번역 작업을 하였다. 또한 체스를 인도에서 들여와 당시 명재상으로 이름을 날리던 보조르그메흐르(Bozorgmehr)가 백감몬(Backgammon: 주사위 놀이의 일종)을 만들도록 하였다. 세계 유명 박물관에 있는 사산조 호스로우 1세 시대의 은그릇과 보석들은 당대 호스로우 1세의 화려함과 영광을 더욱 잘 볼 수 있는 증거물이 되고 있다.

호스로우 2세

호스로우 1세가 죽고 난 후에 사산조의 국력은 급격히 기울었다. 후계자인 아들 호르모즈 4세가 왕위를 잇고 나서 사산조는 사방에 강력한 적들로 둘러싸이게 된다. 로마와는 지겹도록 전쟁을 진행하고 있고 이라크 남부 지역에서 아랍 부족들의 습격이 시작되었으며 투르크 부족들도 자신의 세력을 결집하여 사산조의 북동부를 침입해 들어왔다. 이때 등장한 인물이 바흐람 추빈(Bahram Chubin)이다. 그는 동부 사산 군대의 장군으로 투르크 부족 연합체를 물리쳤으며 비잔틴과의 전투에서도 혁혁한 공로를 세우며 사산조의 구세주로 떠올랐다. 그의 인기로 인해 호르모즈 4세는 그를 제거하려 하였고 바흐람 추빈은 군대의 지지를 등에 업고 반란을 일으켰다. 그는 수도인 크테시폰까지 아무런 저항 없이 입성하였고 호르모즈 4세를 옥에 가두고 정권을 장악했다.

그는 호스로우 2세(호스로우 파르비즈, Khosrow Parviz, 재위 AD 591~AD 628)를 왕에 앉혔다. 호스로우 2세는 처음에는 바흐람 추빈의 의견을 잘 따랐지만 곧 왕의 추종 세력을 규합하여 바흐람 추빈의 반란 세력을 공격한다. 그러나 바흐람 추빈 세력에게 패배 후 비잔틴으로 도망간다.

곧 비잔틴의 황제의 도움을 받아 호스로우 2세는 왕위를 다시 찾고 투르크 지역으로 도망간 바흐람 추빈을 살해한다. 호스로우 2세는 사산조 시대의 마지막 강력한 전제군주로 메데 지방을 제외하고 거의 모든 지역을 다시 통합한다. 그는 비잔틴과도 돈독한 관계를 이루었다. 아르메니아의 한 작가는 호스로우 2세가 기독교로 개종했다고 표현했을 정도로 로마와의 관계가 원만했다. 실제 그는 로마에서 돌아올 때 기독교인이었던 로마의 공주 마리암과 결혼하여 데리고 왔다. 그리고 다른 부인이었던 쉬린도 기독교인이었다.

호스로우와 쉬린의 사랑 이야기는 페르시아의 유명 시인네자미(Nezami)에 의해 『호스로우와 쉬린』이라는 작품으로 만들어 져 이란인들 사이에 사랑 이야기의 고전으로 자리 잡았다.

호스로우 2세는 파르비즈(Parviz, 승리자)라고도 불렸는데 그의 원정에서 연전연승하며 과거 아케메니드 페르시아 시대의 영토인 멀리 예루살렘과 이집트까지 자신의 영역을 확대하였다. 그러나 안타깝게도 그의 영토는 오래 지속되지 못했다. 그는 예루살렘 원정에서 노획물로 예수가 못 박힌 십자가로 추정되는 물품을 가져왔다. 이 일로 인해 많은 교회들의 반발을 샀으며 교회들은 자금을 출현하여 사산조 페르시아와 성전을 치를 것을 비잔틴 황제에게 요구하였다. 이 성전은 비잔틴 황제 헤라클리우스가 직접 지휘하였으며 뛰어난 군 개혁가인 그에 의해 조직된 새로운 비잔틴 군은 거침없이 아르메니아와 아제르바이잔을 점령하고 크테시폰 인근의 다스트게르드(Dastgerd) 지역까지 진군해 왔다. 호스로우 2세는 전의를 상실하고 수도에서 도망쳤다. 그는 이 패배를 책임질 희생양이 필요했고 가장 뛰어난 장수였던 샤흐르바라즈(Shahrbaraz)를 참수

할 계획을 세웠지만 이 일이 알려지면서 오히려 자신이 감금되어 살해되었다. 호스로우 2세의 죽음과 함께 사산조의 국운은 내리막길로 달려가기 시작했다.

사산조의 몰락

호스로우 2세를 이은 그의 아들인 고바드 2세는 호스로우 2세를 죽게 한 반란을 묵인하고 왕위에 올랐다. 그는 왕위에 오르자 아버지가 이룩한 업적을 뒤집는 일을 많이 하였다. 특히 비잔틴과 평화조약을 맺고 호스로우 2세가 전쟁을 통해 획득한 모든 땅을 돌려주었다. 그는 이 조약의 이행을 위해 이집트, 팔레스타인, 시리아, 소아시아, 서부 메소포타미아 지역으로 나간 사산의 군대들을 모두 철수시켰다. 그리고 모든 전쟁 포로들을 돌려보내고 예루살렘에서 가져온 십자가와 예수의 유품으로 추정되는 것들을 돌려보낸다. 이 평화조약으로 수년 동안 지속된 피의 전쟁이 그쳤지만 고바드 2세의 통치는 1년을 넘지 못했다. 그가 죽고 나서 사회는 혼란에 빠졌다.

그의 어린 아들인 아르다쉬르 3세가 왕위에 올랐지만 아직 정치적인 힘이 강했던 샤흐르바라즈가 반란을 일으켜 어린 왕과 그의 추종 세력들을 죽이고 왕위를 차지한다. 그러나 두 달을 채 못 넘기고 그도 살해된다. 이란 동부를 지배하고 있던 호스로우 2세의 조카 피루즈 2세가 왕위를 이으려 하였으나 크테시폰에 도착하기도 전에 살해되고 결국 귀족들에 의해 호스로우 2세의 딸인 푸란도흐트(Purandokht)가 여성 최초로 왕의 자리에 오른다. 그러나 1년 조금 넘는 통치를 하고는 죽는다. 그를 이어서 몇 달씩 여러 번의 왕의 바뀌고 결국 632년 사산조의 마지막 왕 야즈드게르드 3세가 등극한다. 그는 에스타크르에서 숨어서 살고 있다가 왕위에 오르지만 그해 사산 왕조는 무함마드의 동료이자 무함마드 사후 이슬람 세계의 지도자가 되는 칼리드 이븐 왈리드(Kalid ibn walid)가 이끄는 아랍 기마부대의 공격을 받는다. 사산조는 이 전투에서 패하고 다음해 크테시폰이 아랍인들에게 점령당한다. 그는 동부로 도망을 쳐 중국의 도움으로 재기를 꿈꾸었지만 모두 물거품이 되었다. 사산조 페르시아는 비잔틴과의 소모적인 전쟁, 경기 침체, 종교의 타락, 잦은 정권 교체 등으로 이미 제국의 힘을 잃었다. 아랍은 사산조의 도시들을 하나하나 점령하기 시작하였다. 결국 야즈드게르드는 메르브 총독에게 살해되고 사산조는 막을 내린다.

그러나 사산조의 굴욕적인 종말은 이란의 종말을 뜻하지 않는다. 사산조의 많은 전통들이 이슬람 이란으로 지속되었으며 높은 문화적 수준은 이슬람 문화 창달에 밑거름이 되었다.

사산조 시대는 이란 역사에서 문화부흥의 시기였으며 이슬람 시대에 이란인들이 만들어낸 문화적 성취는 사산조 시대 덕분이라 해도 과언이 아니다.

사산의 문화

사회상

사산조 페르시아는 약 400년 이상 지속된 왕조로 로마와의 치열한 전쟁과 내부의 권력 다툼이 있었지만 이란 역사상 가장 오랫동안 세계적인 파워를 가졌던 왕조였다. 많은 도시에서 농부들, 유목민, 수공업자들, 상인들이 함께 어울려 살았다. 그러나 시골 농부의 삶은 그렇게 순탄하지 않았다. 무거운 세금이 삶을 짓눌렀으며 좀 더 나은 생활을 할 수 있으리라는 희망조차 품을 수 없었다. 사산 왕조는 농부를 비롯한 하층민의 피와 왕족 귀족의 피는 원천적으로 달라서 태어난 핏줄에 따라 삶이 결정된다고 지속적으로 교육하고 사회 시스템을 그렇게 만들어갔다. 이런 이유로 하층민은 자신들의 생활에 대해 불만조차 품지 못했다.

사산조의 국교는 조로아스터교로, 대부분의 사람들이 이 종교를 믿었고 종교적 가르침에 따라 살았다. 교육, 결혼, 예배 의식의 참여, 축제와 애도식 등 모든 일이 조로아스터교의 규례와 종교적 전통에 따라 진행되었다. 따라서 조로아스터교 사제의 영향력은 절대적이었다.

사산조는 계급 사회였다. 앞에서 언급한 대로 귀족 계급과 일반 서민 계급이 뚜렷이 구분되었다. 귀족 계급에는 왕족을 포함한 전통적 귀족, 지방 영주, 궁정 대신들과 군 사령관들이었으며, 농민과 상인, 장인 등 나머지 계층은 일반 서민으로 분류되었다.

사산조 왕 중에 호스로우 1세(아누쉬르반 왕) 시대가 고대 이란 문화의 꽃을 피운 최절정기이다. 안타까운 점은 궁정 중심의 귀족문화가 주류를 이루었다는 점이다. 이슬람이 사산조를 정복한 후에도 사산의 문화와 예술은 이슬람 문화에도 영향을 미쳐서 이슬람 문화 창달에 이바지한다. 예를 들어 사산조의 건축양식 중에 에이번이라고 하는 입구의 거대한 아치를 비롯한 천장의 모양과 장식은 모스크에도 그대로 적용되어 사용되었다.

종교

_조로아스터교 아케메니드 왕조의 국가적 차원의 지원과 보호로 조로아스터교는 이란에서 급격히 세를 확장하지만 공식적인 국교로 지정된 것은 사산조 페르시아 시대에 이르러서다. 사산조 왕실은 조로아스터교의 성장을 위해 물심양면으로 지원을 아끼지 않았다. 이란 구석구석에 불의 제단이 세워졌으며 조로아스터교의 사제인 모베드에게는 농토가 하사되었으며 그들의 지위도 상승되었다. 이들은 모든 종교적 행사를 직접 행했으며 불의 제단과 신전을 책임졌다. 이들 중 최고사제에게는 '모베드 중에 모베드'라는 칭호가 부여되었다.

대부분의 도시에 어테쉬캬데라고 불리는 불의 제단이 있었지만 그 중에 가장 중요한 세 곳은 다음과 같다. 참고로 어자르는 고대 이란어로 불이라는 뜻이다.

첫째, 제사장 즉, 모베드들에게 중요한 어자르파라노바라는 파르스 주에 있는 제단이다.

둘째, 왕과 군 사령관을 위한 어자르고쉬나습이라는 아제르바이잔 주에 있는 제단이다.

셋째, 농민들을 위한 어자르바르진메호르라는 호라산에 있는 제단이다.

요한파 성경에 나오는 요한을 추종하는 종파가 메소포타미아 지역에서 성행했는데 이들은 자신만의 독특한 종교적 관습과 의식을 가지고 있었다. 예를 들면 이들은 소고기를 먹는 것을 금기시하였고, 해가 뜨기 전 새벽에 기도하는 의식을 가지고 있었다. 파르티아 시대와 사산조 초기까지만 해도 자유롭게 종교 활동을 하며 살았던 이들은 조로아스터교가 득세하면서 모베드들에게 탄압을 받았다. 그 이후로 이들은 드러내지 않고 숨어서 자신들의 종교를 이어갔다.

마니교와 마즈닥교 마니는 샤푸르 1세 때 사람으로 당시의 최고의 지식인 중에 하나였다. 그는 여러 종교에 대한 깊은 지식을 갖고 있었으며 이 모든 것이 그의 머릿속에서 집대성되어 하나의 새로운 종교를 탄생시켰으니 그것이 바로 마니교이다. 이 종교 안에는 기독교적인 요소와 불교적 요소, 조로아스터교적 요소 등이 함께 혼합되어 있다. 그의 많은 지식과 지혜

는 나라 안에서 명성이 자자했으며 마침내 샤푸르 1세의 부름으로 정치에 입문하여 샤푸르 1세에게 많은 영향을 미친다. 그는 샤푸르 1세의 지지 아래 많은 추종자를 얻었으나 이 같은 종교적 성장은 모베드를 자극하여 이들이 왕에게 압력을 가하게 된다. 결국 바흐람 1세 때 마니는 사형을 당하게 된다. 그러나 그의 추종자들은 그를 향한 믿음과 지지를 잃지 않는다. 마니교는 이란뿐만 아니라 특히 중앙아시아에서 많은 신도들을 얻었다. 그는 생전에 여러 책을 썼고 그림에 대한 애정을 가지고 있었다. 그의 저서 중 가장 유명한 『아르제나그』에서도 많은 그림을 볼 수 있다.

앞에서 언급된 고바드 1세 시대에 살았던 마즈닥에 의해 생겨난 마즈닥교도 사실 새로운 종교가 아니다. 그는 조로아스터교의 기본 교리를 자신의 생각대로 풀어서 설명하여 새로운 종교를 만들었다. 그는 특히 정치·사회적 문제에 관심이 많아서 종교적 교리를 정치 사회적으로 적용하여 설명했다. 그는 선이 악을 승리하기 위해서는 반드시 인간들의 도움이 필요하다고 역설하였다. 그는 비록 그의 정적들에게 죽임을 당했지만 그의 이론과 사상은 몇 세기 동안 이란 내에 퍼져나갔다.

_기독교 성모 마리아 숭배 문제로 시작된 갈등으로 네스토리우스파가 로마 기독교에서 이단으로 정죄받아 떨어져 나왔다. 네스토리우스를 추종하던 많은 사람들이 사산조 페르시아로 피신을 왔고 점차 사산조에서 확장되어 갔다. 5~6세기가

지나면서 네스토리안 교회는 아라비아반도와 메소포타미아에서 인도와 중앙아시아까지 급속히 영향력을 확대시켜 갔다. 크테시폰에 있던 네스토리안 총 대주교는 비잔틴에 있던 교황과 맞먹을 정도의 영향력을 가지고 있었다. 또한 아르메니아와 메소포타미아 지역 그리고 북서부 이란에는 수많은 수도원들이 새로이 세워졌다. 이란 기독교인들이 네스토리안교에서 완전히 교회적 독립을 하지는 못했지만 네스토리안 교회가 그렇다고 이란의 국가적 교회 정도의 입지를 가지지는 못했다. 아르메니안 교회, 갈데아 교회 그리고 아시리아 교회와의 교리적 차이로 인한 갈등과 알력이 결국은 이란 내에서 기독교 몰락을 가져왔다. 내부적 갈등으로 인해 힘을 잃은 기독교는 결국 이슬람이 처들이 오면서 완전히 붕괴되고 만다. 크테시폰은 아랍의 침공으로 철저히 파괴되고 주교청도 바그다드로 762년에 이전하게 된다.

나라의 운영 정책

사산 왕조는 스스로 아케메니드 페르시아의 계승자임을 누누이 주장해 왔다. 그에 맞게 그들은 아케메니드 페르시아의 제국 운영 정책을 복원하고 따랐다. 왕과 모베드와 귀족들이 나라를 운영하는 주체였지만 이들이 늘 함께 서로 도와 힘의 균형을 이루었던 것은 아니다. 만약 왕의 권력이 강력해지면 귀족과 사제들의 권력이 약해졌고 반대로 왕의 권위가 떨어지면 상대적으로 모베드와 귀족의 힘이 강성해졌다.

사산조 시대에는 정치, 경제, 사회, 농업 등의 부분에 각자의 책임자가 있어서 그들이 책임지고 각 영역을 관리했다. 이들 중의 수장은 총리였다. 총리는 왕과 가장 가까운 사람으로 많은 권력을 가지고 있었다.

또한 각 지방과 도시들은 각각 그 지역을 책임지는 행정관을 두었으며 이들이 각 도시를 다스렸다. 이런 시스템은 후에 이슬람의 압바스 왕조도 따라서 적용했던 제국의 국정운영 정책이었다.

글, 문학, 교육

사산조 시대에 가장 많이 쓰인 글자는 파르티아 팔라비어와 사산 팔라비어이다. 이 글자는 아람어에서 왔으며 당시 모든 공식문서, 문학서, 역사서 그리고 돌에 새긴 왕을 기리는 비문에도 사용되었다. 특히 사산조 시대의 왕의 업적을 기리는 비문은 아직도 많이 남아 있어 당시 왕들의 승리와 대관식 등을 알 수 있다.

사산조 시대에는 귀족의 자제들만 교육을 받을 수 있었다. 주로 이들은 아베스타(조로아스터교의 경전)의 내용을 가지고 공부를 했으며 이 외에도 활쏘기와 초건(폴로), 수영 등을 어렸을 때부터 배웠다. 이것들은 전쟁 시 사용할 수 있는 것들로 모든 배움의 기초였다.

곤데-샤푸르는 교육과 연구의 중심지로 많은 학자들이 이곳에서 학문연구에 열중했다. 호스로우 1세(아누쉬르반 왕)는 인도에 학문 수학을 위해 사람들을 유학 보냈으며 그리스에도 그리스 철학을 배우도록 사람을 보냈다. 또한 로마에서 이단으로 파문당한 기독교인들도 받아들여 정착하도록 배려하였다.

건축과 비석

피루즈 어버드와 니샤부르 등지에서 발견된 훼손된 사산조 시대의 왕궁과 불의 제단 같은 건물에서 당시의 건축술을 짐작할 수 있다. 사산조 초기 많은 건축가들이 그 이전 시대인 파르티아 제국의 건축술을 모방하여 건축하였다. 그러나 시간이 지나면서 이들은 새로운 건축술과 스타일을 창조하여 만들기 시작한다. 예를 들면 이들은 돔 형식의 여러 형태의 지붕과 독특한 에이번을 사용하여 궁을 지어 기둥 사용을 줄이는 기술을 사용했다. 또는 벽과 지붕이 맞닿는 곳에 화려한 장식을 넣고 타일을 사용하여 고급스러운 분위기를 연출한다. 티스푼 궁(화려한 에이번로 유명)과 피루즈어버드의 궁은 당시의 뛰어나고 아름다운 건축술을 그대로 간직하고 있어서 보는 이의 마음을 사로잡는다.

반면 도시 계획을 이용한 도시 건축은 발견된 것이나 남아 있는 것이 거의 없다.

비문 관련해서는 벽에 새겨진 당시의 조각들이 파르스 주와 케르만샤 등지에서 발견되면서 많은 연구가들이 연구에 몰두하고 있다. 이곳에는 대부분은 왕위 대관식, 전쟁, 혹은 왕의 사냥 등에 대한 모습이 조각되어 있다.

사산조 궁의 모습

예술과 산업

사산조 시대에도 지금의 이란처럼 수제 카펫과 옷감이 유명했다. 당시 이란의 옷감 제조 기술은 주변국들에도 상당히 알려져서 로마에도 많은 손님을 가지고 있을 정도였다. 이 외에도 철과 유리를 이용한 제품이 번성했다. 특히 철제품은 대부분 왕실과 왕족을 위해 사용되었으며 금과 은으로 세공된 세련된 그릇들이 만들어졌다. 지금도 유럽의 박물관에 가면 사산조 시대에 사용했던 금과 은으로 만들어진 그릇들을 볼 수 있다.

이 시기에 음악도 번성하여 왕실에 악사와 가수가 존재했으며 왕을 위한 악사를 특별히 호니여갸르(왕의 악사)라고 불렀다. 호스로우 2세는 음악을 특별히 좋아하여 늘 악사를 곁에 두고 있었으며 정기적으로 음악을 감상하였다.

무역

실크로드 무역이 활발하던 시기였기 때문에 대상들은 중국과 인도와 이란과 유럽에서 생산되는 물품들을 다양한 지역으로 보내 무역을 하였다. 특히 당시 이란의 페르시아 만에서 진주가 많이 어획되었으므로 주요 무역 물품 중에 하나가 되었다. 부쉐르, 미나브, 시라프 등의 도시가 주요 생산지였으나 이들에게서 징수한 세금은 왕실과 귀족들의 사치 생활에 이용되는 폐단이 발생하였다.

> **Tip. 통계와 첩자**
>
> 『이란과 로마의 전쟁』이라는 책이 사산조 시대에 로마에서 발간되었다. 이 책의 저자는 페르쿠피우스라는 사람으로 호스로우 1세(아누쉬르반 왕) 시대에 로마와 이란의 전쟁에 참여한 자신의 경험담을 중심으로 이 책을 썼다. 이 책을 보면 이란과 당시 이란 사람들에 대해서 흥미로운 내용들이 나온다.
>
> "이란 사람들 사이에는 전장에 나오기 전에 다음과 같은 의식이 있다. 왕이 왕좌에 앉아 있고 바구니들이 왕 앞에 놓여 있다. 그리고 전쟁에 나갈 장수들과 군인들이 그 앞에 정렬하여 자신들의 화살 중에 하나를 그 바구니에 담는다. 그 후에 바구니는 봉해진다. 전쟁을 끝나고 돌아오면 다시 왕 앞에 정렬하여 그 바구니에서 화살을 하나씩 가져가고 남아 있는 화살의 개수를 왕에게 보고 한다. 이런 식으로 왕은 전쟁의 사망자를 파악한다."

위에 소개된 내용은 당시 이란인들이 어떻게 통계를 내었는지 보여주는 재미있는 사례이다.

이란과 로마는 오랫동안 전쟁을 하는 적대관계였다. 지금도 그렇지만 당시에도 상대방 나라의 정보를 얻기 위해 스파이를 보냈다. 이들은 적국의 상황과 정보들을 수집하여 자신의 나라로 돌아가 왕에게 보고하였다. 스파이들은 대부분 나라에 충성하고 정절을 지키는 사람들로 뽑아 보냈지만 개중에는 자신의 나라를 배신하고 적국에 자신의 나라의 정보를 팔아먹고 호의호식하는 사람도 있었다고 한다.

프랑스엔 〈크세주〉, 일본엔 〈이와나미 문고〉, 한국에는 〈살림지식총서〉가 있습니다.

📖 전자책 | 🔍 큰글자 | 🔊 오디오북

001 미국의 좌파와 우파 | 이주영 📖🔍
002 미국의 정체성 | 김형인 📖
003 마이너리티 역사 | 손영호 📖
004 두 얼굴을 가진 하나님 | 김형인 📖
005 MD | 정욱식 📖🔍
006 반미 | 김진웅 📖
007 영화로 보는 미국 | 김성곤 📖🔍
008 미국 뒤집어보기 | 장석정
009 미국 문화지도 | 장석정
010 미국 메모랜덤 | 최성일
011 위대한 어머니 여신 | 장영란 📖🔍
012 변신이야기 | 김선자
013 인도신화의 계보 | 류경희 📖🔍
014 축제인류학 | 류정아 📖
015 오리엔탈리즘의 역사 | 정진농 📖
016 이슬람 문화 | 이희수 📖🔍
017 살롱문화 | 서정복 📖
018 추리소설의 세계 | 정규웅 🔍
019 애니메이션의 장르와 역사 | 이용배 📖
020 문신의 역사 | 조현설 📖
021 색채의 상징, 색채의 심리 | 박영수 📖🔍
022 인체의 신비 | 이성주 📖🔍
023 생물학무기 | 배우철 📖
024 이 땅에서 우리말로 철학하기 | 이기상
025 중세는 정말 암흑기였나 | 이경재 📖🔍
026 미셸 푸코 | 양운덕 📖🔍
027 포스트모더니즘에 대한 성찰 | 신승환 📖🔍
028 조폭의 계보 | 방성수
029 성스러움과 폭력 | 류성민 📖
030 성상 파괴주의와 성상 옹호주의 | 진형준 📖
031 UFO학 | 성시정 📖
032 최면의 세계 | 설기문 📖
033 천문학 탐구자들 | 이면우
034 블랙홀 | 이충환 📖
035 법의학의 세계 | 이윤성 📖🔍
036 양자 컴퓨터 | 이순칠 📖
037 마피아의 계보 | 안혁 📖🔍
038 헬레니즘 | 윤진 📖🔍
039 유대인 | 정성호 📖🔍
040 M. 엘리아데 | 정진홍 📖🔍
041 한국교회의 역사 | 서정민 📖🔍
042 야훼와 바알 | 김남일 📖🔍
043 캐리커처의 역사 | 박창석 📖
044 한국 액션영화 | 오승욱 📖
045 한국 문예영화 이야기 | 김남석 📖
046 포켓몬 마스터 되기 | 김윤아 📖

047 판타지 | 송태현 📖
048 르 몽드 | 최연구 📖🔍
049 그리스 사유의 기원 | 김재홍 📖
050 영혼론 입문 | 이정우
051 알베르 카뮈 | 유기환 📖🔍
052 프란츠 카프카 | 편영수 📖
053 버지니아 울프 | 김희정 📖
054 재즈 | 최규용 📖🔍
055 뉴에이지 음악 | 양한수 📖
056 중국의 고구려사 왜곡 | 최광식 📖🔍
057 중국의 정체성 | 강준영 📖
058 중국의 문화코드 | 강진석 🔍
059 중국사상의 뿌리 | 장현근 📖🔍
060 화교 | 정성호 📖
061 중국인의 금기 | 장범성 🔍
062 무협 | 문현선 📖
063 중국영화 이야기 | 임대근 📖
064 경극 | 송철규
065 중국적 사유의 원형 | 박정근 📖🔍
066 수도원의 역사 | 최형걸 📖
067 현대 신학 이야기 | 박만 📖
068 요가 | 류경희 📖🔍
069 성공학의 역사 | 정해윤 📖
070 진정한 프로는 변화가 즐겁다 | 김학선 📖🔍
071 외국인 직접투자 | 송의달
072 지식의 성장 | 이한구 📖
073 사랑의 철학 | 이정은 📖
074 유교문화와 여성 | 김미영 📖
075 매체 정보란 무엇인가 | 구연상 📖
076 피에르 부르디외와 한국사회 | 홍성민 📖
077 21세기 한국의 문화혁명 | 이정덕 📖
078 사건으로 보는 한국의 정치변동 | 양길현 📖🔍
079 미국을 만든 사상들 | 정경희 📖
080 한반도 시나리오 | 정욱식 📖🔍
081 미국인의 발견 | 우수근 📖
082 미국의 거장들 | 김홍국 📖
083 법으로 보는 미국 | 채동배
084 미국 여성사 | 이창신 📖
085 책과 세계 | 강유원 📖
086 유럽왕실의 탄생 | 김현수 📖🔍
087 박물관의 탄생 | 전진성 📖
088 절대왕정의 탄생 | 임승휘 📖🔍
089 커피 이야기 | 김성윤 📖🔍
090 축구의 문화사 | 이은호
091 세기의 사랑 이야기 | 안재필 📖🔍
092 반연극의 계보와 미학 | 임준서 📖

093 한국의 연출가들 | 김남석
094 동아시아의 공연예술 | 서연호
095 사이코드라마 | 김정일
096 철학으로 보는 문화 | 신응철
097 장 폴 사르트르 | 변광배
098 프랑스 문화와 상상력 | 박기현
099 아브라함의 종교 | 공일주
100 여행 이야기 | 이진홍
101 아테네 | 장영란
102 로마 | 한형곤
103 이스탄불 | 이희수
104 예루살렘 | 최창모
105 상트 페테르부르크 | 방일권
106 하이델베르크 | 곽병휴
107 파리 | 김복래
108 바르샤바 | 최건영
109 부에노스아이레스 | 고부안
110 멕시코 시티 | 정혜주
111 나이로비 | 양철준
112 고대 올림픽의 세계 | 김복희
113 종교와 스포츠 | 이창익
114 그리스 미술 이야기 | 노성두
115 그리스 문명 | 최혜영
116 그리스와 로마 | 김덕수
117 알렉산드로스 | 조현미
118 고대 그리스의 시인들 | 김헌
119 올림픽의 숨은 이야기 | 장원재
120 장르 만화의 세계 | 박인하
121 성공의 길은 내 안에 있다 | 이숙영
122 모든 것을 고객중심으로 바꿔라 | 안상헌
123 중세와 토마스 아퀴나스 | 박주영
124 우주 개발의 숨은 이야기 | 정홍철
125 나노 | 이영희
126 초끈이론 | 박재모 · 현승준
127 안토니 가우디 | 손세관
128 프랭크 로이드 라이트 | 서수경
129 프랭크 게리 | 이일형
130 리차드 마이어 | 이성훈
131 안도 다다오 | 임채진
132 색의 유혹 | 오수연
133 고객을 사로잡는 디자인 혁신 | 신언모
134 양주 이야기 | 김준철
135 주역과 운명 | 심의용
136 학계의 금기를 찾아서 | 강성민
137 미 · 중 · 일 새로운 패권전략 | 우수근
138 세계지도의 역사와 한반도의 발견 | 김상근
139 신용하 교수의 독도 이야기 | 신용하
140 간도는 누구의 땅인가 | 이성환
141 말리노프스키의 문화인류학 | 김용환
142 크리스마스 | 이영제
143 바로크 | 신정아
144 페르시아 문화 | 신규섭
145 패션과 명품 | 이재진
146 프랑켄슈타인 | 장정희
147 뱀파이어 연대기 | 한혜원
148 위대한 힙합 아티스트 | 김정훈
149 살사 | 최명호
150 모던 걸, 여우 목도리를 버려라 | 김주리
151 누가 하이카라 여성을 데리고 사누 | 김미지
152 스위트 홈의 기원 | 백지혜
153 대중적 감수성의 탄생 | 강심호
154 에로 그로 넌센스 | 소래섭
155 소리가 만들어낸 근대의 풍경 | 이승원
156 서울은 어떻게 계획되었는가 | 염복규
157 부엌의 문화사 | 함한희
158 칸트 | 최인숙
159 사람은 왜 인정받고 싶어하나 | 이정은
160 지중해학 | 박상진
161 동북아시아 비핵지대 | 이삼성 외
162 서양 배우의 역사 | 김정수
163 20세기의 위대한 연극인들 | 김미혜
164 영화음악 | 박신영
165 한국독립영화 | 김수남
166 영화와 샤머니즘 | 이종승
167 영화로 보는 불륜의 사회학 | 황혜진
168 J.D. 샐린저와 호밀밭의 파수꾼 | 김성곤
169 허브 이야기 | 조태동 · 송진희
170 프로레슬링 | 성민수
171 프랑크푸르트 | 이기식
172 바그다드 | 이동은
173 아테네인, 스파르타인 | 윤진
174 정치의 원형을 찾아서 | 최자영
175 소르본 대학 | 서정복
176 테마로 보는 서양미술 | 권용준
177 칼 마르크스 | 박영균
178 허버트 마르쿠제 | 손철성
179 안토니오 그람시 | 김현우
180 안토니오 네그리 | 윤수종
181 박이문의 문학과 철학 이야기 | 박이문
182 상상력과 가스통 바슐라르 | 홍명희
183 인간복제의 시대가 온다 | 김홍재
184 수소 혁명의 시대 | 김미선
185 로봇 이야기 | 김문상
186 일본의 정체성 | 김필동
187 일본의 서양문화 수용사 | 정하미
188 번역과 일본의 근대 | 최경옥
189 전쟁국가 일본 | 이성환
190 한국과 일본 | 하우봉
191 일본 누드 문화사 | 최유경
192 주신구라 | 이준섭
193 일본의 신사 | 박규태
194 미야자키 하야오 | 김윤아
195 애니메이션으로 보는 일본 | 박규태
196 디지털 에듀테인먼트 스토리텔링 | 강심호
197 디지털 애니메이션 스토리텔링 | 배주영
198 디지털 게임의 미학 | 전경란
199 디지털 게임 스토리텔링 | 한혜원
200 한국형 디지털 스토리텔링 | 이인화

201	디지털 게임, 상상력의 새로운 영토 | 이정엽	255	비틀스 | 고영탁
202	프로이트와 종교 | 권수영	256	현대시와 불교 | 오세영
203	영화로 보는 태평양전쟁 | 이동훈	257	불교의 선악론 | 안옥선
204	소리의 문화사 | 김토일	258	질병의 사회사 | 신규환
205	극장의 역사 | 임종엽	259	와인의 문화사 | 고형욱
206	뮤지엄건축 | 서상우	260	와인, 어떻게 즐길까 | 김준철
207	한옥 | 박명덕	261	노블레스 오블리주 | 예종석
208	한국만화사 산책 | 손상익	262	미국인의 탄생 | 김진웅
209	만화 속 백수 이야기 | 김성훈	263	기독교의 교파 | 남병두
210	코믹스 만화의 세계 | 박석환	264	플로티노스 | 조규홍
211	북한만화의 이해 | 김성훈 · 박소현	265	아우구스티누스 | 박경숙
212	북한 애니메이션 | 이대연 · 김경임	266	안셀무스 | 김영철
213	만화로 보는 미국 | 김기홍	267	중국 종교의 역사 | 박종우
214	미생물의 세계 | 이재열	268	인도의 신화와 종교 | 정광흠
215	빛과 색 | 변종철	269	이라크의 역사 | 공일주
216	인공위성 | 장영근	270	르 코르뷔지에 | 이관석
217	문화콘텐츠란 무엇인가 | 최연구	271	김수영, 혹은 시적 양심 | 이은정
218	고대 근동의 신화와 종교 | 강성열	272	의학사상사 | 여인석
219	신비주의 | 금인숙	273	서양의학의 역사 | 이재담
220	십자군, 성전과 약탈의 역사 | 진원숙	274	몸의 역사 | 강신익
221	종교개혁 이야기 | 이성덕	275	인류를 구한 항균제들 | 예병일
222	자살 | 이진홍	276	전쟁의 판도를 바꾼 전염병 | 예병일
223	성, 그 억압과 진보의 역사 | 윤가현	277	사상의학 바로 알기 | 장동민
224	아파트의 문화사 | 박철수	278	조선의 명의들 | 김호
225	권오길 교수가 들려주는 생물의 섹스 이야기 | 권오길	279	한국인의 관계심리학 | 권수영
226	동물행동학 | 임신재	280	모건의 가족 인류학 | 김용환
227	한국 축구 발전사 | 김성원	281	예수가 상상한 그리스도 | 김호경
228	월드컵의 위대한 전설들 | 서준형	282	사르트르와 보부아르의 계약결혼 | 변광배
229	월드컵의 강국들 | 심재희	283	초기 기독교 이야기 | 진원숙
230	스포츠마케팅의 세계 | 박찬혁	284	동유럽의 민족 분쟁 | 김철민
231	일본의 이중권력, 쇼군과 천황 | 다카시로 고이치	285	비잔틴제국 | 진원숙
232	일본의 사소설 | 안영희	286	오스만제국 | 진원숙
233	글로벌 매너 | 박한표	287	별을 보는 사람들 | 조상호
234	성공하는 중국 진출 가이드북 | 우수근	288	한미 FTA 후 직업의 미래 | 김준성
235	20대의 정체성 | 정성호	289	구조주의와 그 이후 | 김종우
236	중년의 사회학 | 정성호	290	아도르노 | 이종하
237	인권 | 차병직	291	프랑스 혁명 | 서정복
238	헌법재판 이야기 | 오호택	292	메이지유신 | 장인성
239	프라하 | 김규진	293	문화대혁명 | 백승욱
240	부다페스트 | 김성진	294	기생 이야기 | 신현규
241	보스턴 | 황선희	295	에베레스트 | 김법모
242	돈황 | 전인초	296	빈 | 인성기
243	보들레르 | 이건수	297	발트3국 | 서진석
244	돈 후안 | 정동섭	298	아일랜드 | 한일동
245	사르트르 참여문학론 | 변광배	299	이케다 하야토 | 권혁기
246	문체론 | 이종오	300	박정희 | 김성진
247	올더스 헉슬리 | 김효원	301	리콴유 | 김성진
248	탈식민주의에 대한 성찰 | 박종성	302	덩샤오핑 | 박형기
249	서양 무기의 역사 | 이내주	303	마거릿 대처 | 박동운
250	백화점의 문화사 | 김인호	304	로널드 레이건 | 김형곤
251	초콜릿 이야기 | 정한진	305	셰이크 모하메드 | 최진영
252	향신료 이야기 | 정한진	306	유엔사무총장 | 김정태
253	프랑스 미식 기행 | 심순철	307	농구의 탄생 | 손대범
254	음식 이야기 | 윤진아	308	홍차 이야기 | 정은희

309 인도 불교사 | 김미숙
310 아힌사 | 이정호
311 인도의 경전들 | 이재숙
312 글로벌 리더 | 백형찬
313 탱고 | 배수경
314 미술경매 이야기 | 이규현
315 달마와 그 제자들 | 우봉규
316 화두와 좌선 | 김호귀
317 대학의 역사 | 이광주
318 이슬람의 탄생 | 진원숙
319 DNA분석과 과학수사 | 박기원
320 대통령의 탄생 | 조지형
321 대통령의 퇴임 이후 | 김형곤
322 미국의 대통령 선거 | 윤용희
323 프랑스 대통령 이야기 | 최연구
324 실용주의 | 이유선
325 맥주의 세계 | 원융희
326 SF의 법칙 | 고장원
327 원효 | 김원명
328 베이징 | 조창완
329 상하이 | 김윤희
330 홍콩 | 유영하
331 중화경제의 리더들 | 박형기
332 중국의 엘리트 | 주장환
333 중국의 소수민족 | 정재남
334 중국을 이해하는 9가지 관점 | 우수근
335 고대 페르시아의 역사 | 유흥태
336 이란의 역사 | 유흥태
337 에스파한 | 유흥태
338 번역이란 무엇인가 | 이향
339 해체론 | 조규형
340 자크 라캉 | 김용수
341 하지홍 교수의 개 이야기 | 하지홍
342 다방과 카페, 모던보이의 아지트 | 장유정
343 역사 속의 채식인 | 이광조 (절판)
344 보수와 진보의 정신분석 | 김용신
345 저작권 | 김기태
346 왜 그 음식은 먹지 않을까 | 정한진
347 플라멩코 | 최명호
348 월트 디즈니 | 김지영
349 빌 게이츠 | 김익현
350 스티브 잡스 | 김상훈
351 잭 웰치 | 하정필
352 워렌 버핏 | 이민주
353 조지 소로스 | 김성진
354 마쓰시타 고노스케 | 권혁기
355 도요타 | 이우광
356 기술의 역사 | 송성수
357 미국의 총기 문화 | 손영호
358 표트르 대제 | 박지배
359 조지 워싱턴 | 김형곤
360 나폴레옹 | 서정복
361 비스마르크 | 김장수
362 모택동 | 김승일

363 러시아의 정체성 | 기연수
364 너는 시방 위험한 로봇이다 | 오은
365 발레리나를 꿈꾼 로봇 | 김선혁
366 로봇 선생님 가라사대 | 안동근
367 로봇 디자인의 숨겨진 규칙 | 구산애
368 로봇을 향한 열정, 일본 애니메이션 | 안병욱
369 도스토예프스키 | 박영은
370 플라톤의 교육 | 장영란
371 대공황 시대 | 양동휴
372 미래를 예측하는 힘 | 최연구
373 꼭 알아야 하는 미래 질병 10가지 | 우정헌
374 과학기술의 개척자들 | 송성수
375 레이첼 카슨과 침묵의 봄 | 김재호
376 좋은 문장 나쁜 문장 | 송준호
377 바울 | 김호경
378 테킬라 이야기 | 최명호
379 어떻게 일본 과학은 노벨상을 탔는가 | 김범성
380 기후변화 이야기 | 이유진
381 상송 | 전금주
382 이슬람 예술 | 전완경
383 페르시아의 종교 | 유흥태
384 삼위일체론 | 유해무
385 이슬람 율법 | 공일주
386 반야심경·금강경 | 곽철환
387 루이스 칸 | 김낙중·정태용
388 톰 웨이츠 | 신주현
389 위대한 여성 과학자들 | 송성수
390 법원 이야기 | 오호택
391 명예훼손이란 무엇인가 | 안상운
392 사법권의 독립 | 조지형
393 피해자학 강의 | 장규원
394 정보공개란 무엇인가 | 안상운
395 적정기술이란 무엇인가 | 김정태·홍성욱
396 치명적인 금융위기, 왜 유독 대한민국인가 | 오형규
397 지방자치단체, 돈이 새고 있다 | 최인욱
398 스마트 위험사회가 온다 | 민경식
399 한반도 대재난, 대책은 있는가 | 이정직
400 불안사회 대한민국, 복지가 해답인가 | 신광영
401 21세기 대한민국 대외전략 | 김기수
402 보이지 않는 위협, 종북주의 | 류현수
403 우리 헌법 이야기 | 오호택
404 핵심 중국어 간체자(简体字) | 김현정
405 문화생활과 문화주택 | 김용범
406 미래주거의 대안 | 김세용·이재준
407 개방과 폐쇄의 딜레마, 북한의 이중적 경제 | 남성욱·정유석
408 연극과 영화를 통해 본 북한 사회 | 민병욱
409 먹기 위한 개방, 살기 위한 핵외교 | 김계동
410 북한 정권 붕괴 가능성과 대비 | 전경주
411 북한을 움직이는 힘, 군부의 패권경쟁 | 이영훈
412 인민의 천국에서 벌어지는 인권유린 | 허만호
413 성공을 이끄는 마케팅 법칙 | 추성엽
414 커피로 알아보는 마케팅 베이직 | 김민주
415 쓰나미의 과학 | 이호준
416 20세기를 빛낸 극작가 20인 | 백승무

417	20세기의 위대한 지휘자 | 김문경	471	논리적 글쓰기 | 여세주
418	20세기의 위대한 피아니스트 | 노태헌	472	디지털 시대의 글쓰기 | 이강룡
419	뮤지컬의 이해 | 이동섭	473	NLL을 말하다 | 이상철
420	위대한 도서관 건축 순례 | 최정태	474	뇌의 비밀 | 서유헌
421	아름다운 도서관 오디세이 | 최정태	475	버트런드 러셀 | 박병철
422	롤링 스톤즈 | 김기범	476	에드문트 후설 | 박인철
423	서양 건축과 실내디자인의 역사 | 천진희	477	공간 해석의 지혜, 풍수 | 이지형
424	서양 가구의 역사 | 공혜원	478	이야기 동양철학사 | 강성률
425	비주얼 머천다이징&디스플레이 디자인 | 강희수	479	이야기 서양철학사 | 강성률
426	호감의 법칙 | 김경호	480	독일 계몽주의의 유학적 기초 | 전홍석
427	시대의 지성, 노암 촘스키 | 임기대	481	우리말 한자 바로쓰기 | 안광희
428	역사로 본 중국음식 | 신계숙	482	유머의 기술 | 이상훈
429	일본요리의 역사 | 박병학	483	관상 | 이태룡
430	한국의 음식문화 | 도현신	484	가상학 | 이태룡
431	프랑스 음식문화 | 민혜련	485	역경 | 이태룡
432	중국차 이야기 | 조은아	486	대한민국 대통령들의 한국경제 이야기1 | 이장규
433	디저트 이야기 | 안호기	487	대한민국 대통령들의 한국경제 이야기2 | 이장규
434	치즈 이야기 | 박승용	488	별자리 이야기 | 이형철 외
435	면(麵) 이야기 | 김한송	489	셜록 홈즈 | 김재성
436	막걸리 이야기 | 정은숙	490	역사를 움직인 중국 여성들 | 이양자
437	알렉산드리아 비블리오테카 | 남태우	491	중국 고전 이야기 | 문승용
438	개헌 이야기 | 오호택	492	발효 이야기 | 이미란
439	전통 명품의 보고, 규장각 | 신병주	493	이승만 평전 | 이주영
440	에로스의 예술, 발레 | 김도윤	494	미군정시대 이야기 | 차상철
441	소크라테스를 알라 | 장영란	495	한국전쟁사 | 이희진
442	소프트웨어가 세상을 지배한다 | 김재호	496	정전협정 | 조성훈
443	국제난민 이야기 | 김철민	497	북한 대남 침투도발사 | 이윤규
444	셰익스피어 그리고 인간 | 김도윤	498	수상 | 이태룡
445	명상이 경쟁력이다 | 김필수	499	성명학 | 이태룡
446	갈매나무의 시인 백석 | 이숭원	500	결혼 | 남정욱
447	브랜드를 알면 자동차가 보인다 | 김흥식	501	광고로 보는 근대문화사 | 김병희
448	파이온에서 힉스 입자까지 | 이강영	502	시조의 이해 | 임형선
449	알고 쓰는 화장품 | 구희연	503	일본인은 왜 속마음을 말하지 않을까 | 임영철
450	희망이 된 인문학 | 김호연	504	내 사랑 아다지오 | 양태조
451	한국 예술의 큰 별 동랑 유치진 | 백형찬	505	수프림 오페라 | 김도윤
452	경허와 그 제자들 | 우봉규	506	바그너의 이해 | 서정원
453	논어 | 윤홍식	507	원자력 이야기 | 이정익
454	장자 | 이기동	508	이스라엘과 창조경제 | 정성호
455	맹자 | 장현근	509	한국 사회 빈부의식은 어떻게 변했는가 | 김용신
456	관자 | 신창호	510	요하문명과 한반도 | 우실하
457	순자 | 윤무학	511	고조선왕조실록 | 이희진
458	미사일 이야기 | 박준복	512	고구려조선왕조실록 1 | 이희진
459	사주(四柱) 이야기 | 이지형	513	고구려조선왕조실록 2 | 이희진
460	영화로 보는 로큰롤 | 김기범	514	백제왕조실록 1 | 이희진
461	비타민 이야기 | 김정환	515	백제왕조실록 2 | 이희진
462	장군 이순신 | 도현신	516	신라왕조실록 1 | 이희진
463	전쟁의 심리학 | 이윤규	517	신라왕조실록 2 | 이희진
464	미국의 장군들 | 여영무	518	신라왕조실록 3 | 이희진
465	첨단무기의 세계 | 양낙규	519	가야왕조실록 | 이희진
466	한국무기의 역사 | 이내주	520	발해왕조실록 | 구난희
467	노자 | 임헌규	521	고려왕조실록 1 (근간)
468	한비자 | 윤찬원	522	고려왕조실록 2 (근간)
469	묵자 | 박문현	523	조선왕조실록 1 | 이성무
470	나는 누구인가 | 김용신	524	조선왕조실록 2 | 이성무

- 525 조선왕조실록 3 | 이성무
- 526 조선왕조실록 4 | 이성무
- 527 조선왕조실록 5 | 이성무
- 528 조선왕조실록 6 | 편집부
- 529 정한론 | 이기용
- 530 청일전쟁 | 이성환
- 531 러일전쟁 | 이성환
- 532 이슬람 전쟁사 | 진원숙
- 533 소주이야기 | 이지형
- 534 북한 남침 이후 3일간, 이승만 대통령의 행적 | 남정옥
- 535 제주 신화 1 | 이석범
- 536 제주 신화 2 | 이석범
- 537 제주 전설 1 | 이석범 (절판)
- 538 제주 전설 2 | 이석범 (절판)
- 539 제주 전설 3 | 이석범 (절판)
- 540 제주 전설 4 | 이석범 (절판)
- 541 제주 전설 5 | 이석범 (절판)
- 542 제주 민담 | 이석범
- 543 서양의 명장 | 박기련
- 544 동양의 명장 | 박기련
- 545 루소, 교육을 말하다 | 고봉만·황성원
- 546 철학으로 본 앙트러프러너십 | 전인수
- 547 예술과 앙트러프러너십 | 조명계
- 548 예술마케팅 | 전인수
- 549 비즈니스상상력 | 전인수
- 550 개념설계의 시대 | 전인수
- 551 미국 독립전쟁 | 김형곤
- 552 미국 남북전쟁 | 김형곤
- 553 초기불교 이야기 | 곽철환
- 554 한국가톨릭의 역사 | 서정민
- 555 시아 이슬람 | 유흥태
- 556 스토리텔링에서 스토리두잉으로 | 윤주
- 557 백세시대의 지혜 | 신현동
- 558 구보 씨가 살아온 한국 사회 | 김병희
- 559 정부광고로 보는 일상생활사 | 김병희
- 560 정부광고의 국민계몽 캠페인 | 김병희
- 561 도시재생이야기 | 윤주
- 562 한국의 핵무장 | 김재엽
- 563 고구려 비문의 비밀 | 정호섭
- 564 비슷하면서도 다른 한중문화 | 장범성
- 565 급변하는 현대 중국의 일상 | 장시,리우린,장범성
- 566 중국의 한국 유학생들 | 왕링윈, 장범성
- 567 밥 딜런 그의 나라에는 누가 사는가 | 오민석
- 568 언론으로 본 정부 정책의 변천 | 김병희
- 569 전통과 보수의 나라 영국 1-영국 역사 | 한일동
- 570 전통과 보수의 나라 영국 2-영국 문화 | 한일동
- 571 전통과 보수의 나라 영국 3-영국 현대 | 김언조
- 572 제1차 세계대전 | 윤형호
- 573 제2차 세계대전 | 윤형호
- 574 라벨로 보는 프랑스 포도주의 이해 | 전경준
- 575 미셸 푸코, 말과 사물 | 이규현
- 576 프로이트, 꿈의 해석 | 김석
- 577 왜 5왕 | 홍성화
- 578 소가씨 4대 | 나행주
- 579 미나모토노 요리토모 | 남기학
- 580 도요토미 히데요시 | 이계황
- 581 요시다 쇼인 | 이희복
- 582 시부사와 에이이치 | 양의모
- 583 이토 히로부미 | 방광석
- 584 메이지 천황 | 박진우
- 585 하라 다카시 | 김영숙
- 586 히라쓰카 라이초 | 정애영
- 587 고노에 후미마로 | 김봉식
- 588 모방이론으로 본 시장경제 | 김진식
- 589 보들레르의 풍자적 현대문명 비판 | 이건수
- 590 원시유교 | 한성구
- 591 도가 | 김대근
- 592 춘추전국시대의 고민 | 김현주
- 593 사회계약론 | 오수웅
- 594 조선의 예술혼 | 백형찬
- 595 좋은 영어, 문체와 수사 | 박종성

고대 페르시아의 역사

아케메니드 페르시아 · 파르티아 왕조 · 사산조 페르시아

펴낸날	초판 1쇄 2005년 7월 15일
	초판 7쇄 2024년 7월 17일

지은이	**유흥태**
펴낸이	**심만수**
펴낸곳	**(주)살림출판사**
출판등록	**1989년 11월 1일 제9-210호**

주소	경기도 파주시 광인사길 30
전화	031-955-1350 팩스 031-624-1356
홈페이지	http://www.sallimbooks.com
이메일	book@sallimbooks.com

ISBN	978-89-522-0983-2 04080
	978-89-522-0096-9 04080 (세트)

※ 값은 뒤표지에 있습니다.
※ 잘못 만들어진 책은 구입하신 서점에서 바꾸어 드립니다.